VIE

DE

S.ᵀ VINCENT DE PAUL.

PARIS, IMPRIMERIE DE BÉTHUNE,
RUE PALATINE, N.º 5.

On aime à voir le bon Roi accueillir le bon
Prêtre, le Bienfaiteur de l'humanité.

(Page 13.)

VIE

DE

S. VINGENT DE PAUL,

(Avec fac-simile de son écriture et son portrait)

PAR M. C. A. DE REBOUL-BERVILLE,

Juge-de-Paix du canton de Nanterre;

OUVRAGE COURONNÉ PAR LA SOCIÉTÉ CATHOLIQUE DES BONS LIVRES, ET ADOPTÉ PAR LE CONSEIL ROYAL DE L'UNIVERSITÉ, DANS SA SÉANCE DU 17 JUILLET 1828.

DEUXIÈME ÉDITION.

PARIS.

A L'IMPRIMERIE ECCLÉSIASTIQUE DE BETHUNE,
RUE PALATINE, PRÈS SAINT-SULPICE.

A LA LIBRAIRIE CATHOLIQUE
D'EDOUARD BRICON,
RUE DU POT-DE-FER, N° 4.

PRÉFACE.

La vie de St. Vincent de Paul a été la première lecture de mon enfance suprès du foyer domestique. L'intérêt qui s'attache à la mémoire du Héros de l'humanité souffrante, s'étant accru avec mes années, je me proposois toujours d'écrire son histoire, pour entretenir les impressions du premier âge, lorsque le concours ouvert par la Société Catholique des Bons Livres m'a fait entrer dans la lice. J'y ai trouvé, et je m'en félicite, un de ces athelètes sous lesquels il est glorieux de succomber. Mon jeune vainqueur, M. Capefigue, compte plus de triomphes littéraires que de lustres. Je marche après lui, mais à une grande distance; je le suis, mais comme Salius, au combat de la course décrit dans le 5.me livre de l'Enéide suivoit Nisus.

Proximus huic, longo sed proximus intervallo
Insequitur Salius..........

Nos deux ouvrages ont été appréciés par un des juges du concours, avec autant d'impartialité que de justesse. Il nous a été facile, dit M. Laurentie, dans le rapport qu'il a fait à la Société Catholique, dans la séance du 26 janvier 1826, où les prix ont été décernés : « Il
» nous a été facile de découvrir dans la division
» même de l'ouvrage de M. Capefigue, ainsi que
» dans le langage ferme et concis de l'auteur,
» un homme accoutumé à exercer son esprit à
» des matières de législation et de politique, et
» à méditer sur les récits de l'histoire. Il n'a pas
» vu dans Vincent de Paul, seulement un grand
» saint aux yeux de la Religion, il y a vu un
» grand personnage qui a rempli, ne fut-ce que
» par sa piété, un rôle important dans un siècle
» où la Religion tenoit une grande place dans
» les affaires de la vie. Il a montré la haute in-
» fluence de ses discours et de ses exemples sur
» toutes les parties de la société française; et
» bien qu'on ne puisse pas dire que les vertus
» d'un tel saint puissent être agrandies par le
» récit de ses historiens, au moins est-il vrai
» de dire que l'auteur les a présentées dans leur
» ensemble de manière à les rendre plus frap-
» pantes, en montrant l'admirable ascendant de
» ce génie extraordinaire, l'autorité imposante
» de sa charité, l'espèce de domination qu'il

» exerçoit par la vertu, et qui le rendit maître
» en quelque sorte des volontés, soit à la cour,
» soit dans les camps, dans les palais des grands
» comme dans les chaumières des pauvres. Ce
» spectacle de la piété devenue maîtresse d'un
» monde d'ordinaire glacé par les plaisirs, mé-
» ritoit d'être offert à la méditation de cette es-
» pèce de lecteurs qui sont peu accoutumés à
» attacher leur esprit à la lecture des Vies des
» Saints. Il semble que ce soit là l'objet princi
» pal que ce soit proposé l'auteur du premier
» ouvrage.

» Nous dirons peu de chose du second ou-
» vrage, précisément parce que l'auteur s'est
» efforcé de conserver dans son travail ce carac-
» tère de simplicité et de candeur, ce langage
» de piété et de foi, qui semble en général con-
» venir au récit des vertus d'un saint qui tou-
» jours évita l'éclat, et abaissa sa vie à ce qu'il
» y a de plus humble dans l'abnégation de soi-
» même, et dans le dévouement de la charité;
» d'ailleurs cet ouvrage est simplement une his-
» toire. L'auteur parcourt les actions de son
» héros, et leur prête tout le charme qu'elles
» doivent tirer d'un simple récit. Il y a de
» l'ordre et une marche facile dans la narration.
» Le style a de l'élégance et de l'abandon,

» quelquefois le récit inspire à l'auteur une
» courte réflexion, ou même des rapprochemens
» ingénieux, où l'on remarque toujours le même
» caractère de simplicité dans le langage et la
» pensée. Avec de légers changemens, cet ou-
» vrage conservera un ton de popularité qui
» doit être le premier caractère des livres que
» nous destinons aux humbles classes de la so-
» ciété, mais qui ne doivent pas, pour cela,
» paroître dépourvus de charmes auprès des
» classes les plus polies. »

Pour rendre mon travail plus digne de la classe intéressante à laquelle il est destiné, j'ai consulté non-seulement les mémoires et les manuscrits du temps, mais encore un écrivain de nos jours, le modeste auteur de *l'Essai historique sur l'influence de la Religion en France pendant le 17.ᵉ siècle*, qui, entre autres connoissances profondes, en possède une bien rare aujourd'hui, celle de l'histoire ecclésiastique. J'ai livré mon manuscrit à sa judicieuse critique.

J'ai vu avec peine dans l'ouvrage de M. Capefigue, que nous différions d'opinion sur un des plus beaux traits de St. Vincent de Paul, sa conduite à l'égard d'un galérien au bagne de

Marseille dont il prit la place. Ce fait s'est présenté à moi avec une telle unanimité de témoignages historiques, que j'ai cru de mon devoir de conserver une des plus belles pages de la vie de notre commun héros.

laissois aler aux monsieurs de ma nation
je men vois les honnir a theure que je
vous parle.
  Et pour ce qui regarde Madame
Deufr, je luy manqueray Madame clair
rennons vos sommedemain demain ou
apres Dun midain en lamour duquel je
sui

Madame

  de Madame

                                    Vre tres humble &
                                    tres obeisant serviteur
                                    Vincent Depaul
                                    indigne p.bre de la Mission

Madame la Marquise
de Maignelay

Madame

Madame avec toute humillité, et le regret
qui m'est possible, que je vous suplie prostreé
en esprit a vos pieds, de me pardonner si je
ne me rends aujourd'huy chez Monsieur du
Pefne selon vostre commandement, pour me
rendre un jour, ou qu'il a pleu or efité
pour la raison ... de religieuse que
je vous ay dicte Madame, j'aurois l'op...
dusplision de refuser en présence la
pm sonne du monde a la quelle j'ay plui
d'obligation & d'affection d'obéir, qui suis
donc il suyt ... voir protestant Madame
que j'aimerois mieux mourir que de sousfrir
de mourir que de mon salut, et que tou
sen fusn que ... sont manque d'affection
pour en bonne fille, que si je ... me

VIE

DE

S.ᵀ VINCENT DE PAUL.

CHAPITRE PREMIER.

Sa naissance. — Occupations de son enfance. — Son entrée au collége et dans les ordres. — Sa captivité en Barbarie.

Henri IV et St. Vincent de Paul ont été contemporains. Le meilleur des rois méritoit bien de voir et d'entendre, sous son règne, le meilleur des hommes. Nos montagnes des Pyrénées peuvent se glorifier d'avoir vu naître presque en même temps un roi et un pauvre prêtre, dont l'un fut la gloire du trône, et l'autre celle du sacerdoce et de l'humanité.

Vincent de Paul naquit le 24 avril de l'année 1576, dans un petit hameau de la paroisse de Pouy, au diocèse d'Acqs, en Gascogne. Son père se nommoit Guillaume de Paul et sa mère Bertrande de Moras; ils possédoient une petite maison, et cultivoient le champ qu'ils avoient reçu de leurs pères. Ils étoient pauvres; mais leur vie simple et laborieuse leur donnoit encore quelque aisance, et ils pouvoient faire l'aumône à de plus pauvres qu'eux. Ils suivoient ainsi d'eux-mêmes ce conseil de Tobie à son fils : *Si vous avez beaucoup de bien, donnez beaucoup; si vous avez peu, ayez soin de donner de bon cœur de ce peu même.* Vincent fut le troisième des six enfans qu'ils eurent de leur mariage. Il trouva dans sa famille ces mœurs patriarcales, ces exemples de frugalité, d'amour du travail, de solide piété qui ont tant d'influence sur l'enfance et sur tous les âges de la vie. Comme ses frères, il garda à son tour les brebis de son père; nouveau Joseph, et plus heureux que lui, parce qu'il fut toujours aimé de ses frères et qu'il n'excita jamais leur envie, il fut berger sur les bords de l'Adour, comme autrefois le fils de Jacob dans la vallée d'Hébron; ses mains faibles portèrent la houlette, en attendant qu'elles fussent assez fortes pour diriger la charrue.

Au milieu de ces occupations champêtres, son cœur se développa de lui-même. Son premier sentiment, ou plutôt sa première vertu, fut la charité. Il distribuoit aux pauvres tout ce qu'il pouvoit avoir, ses alimens, ses habits; il leur auroit donné ses brebis et leurs agneaux s'il avoit pu en disposer; il vidoit dans leurs mains sa panetière et même sa bourse, car il en avoit une pour eux. Un jour il en rencontra un si dénué et si souffrant, qu'il lui donna tout son petit pécule, qui s'élevoit à trente sous, somme presque considérable pour le temps, pour le lieu et pour celui qui l'avoit amassée au milieu des privations ou plutôt des premiers besoins. Lorsque son père l'envoyoit au moulin chercher la farine du ménage, s'il rencontroit des pauvres, il délioit le sac, leur en donnoit des poignées, et son père, dont le cœur étoit excellent, ne lui en faisoit jamais de reproches.

L'esprit du jeune Vincent se développa aussi heureusement que son cœur; ce fut sans doute le pasteur du hameau qui lui apprit à lire, car, dans tous les temps, le presbytère a été l'école des enfans des pauvres. Sa pénétration, son intelligence et surtout son bon sens charmoient ses parens, et étonnoient les hommes les plus éclairés du canton. De si heureuses dispositions engagèrent son père à le faire étudier; il ne fut pas effrayé de la nouvelle charge que cette éducation alloit lui imposer. Il est vrai qu'un peu d'ambition entra dans l'âme de ce bon laboureur; il voyoit dans son hameau un homme de la même condition que lui, qui étant parvenu à un riche prieuré, avoit enrichi ses frères et ses neveux, et il se promettoit le même avantage pour sa famille; mais ses espérances furent bien trompées, car toute la vie de son fils ne fut qu'une pratique perpétuelle de ce précepte de l'Evangile, que le superflu des riches, et surtout des ministres des autels, est le patrimoine des indigens.

A douze ans, le jeune berger quitta la houlette pour entrer au collége de Dax. Sa pension devoit coûter 60 liv. par an, et cette faible somme qui de nos jours, n'acquitteroit pas un mois de la pension de nos enfans, étoit une énorme dépense pour son père. Le collège de Dax étoit alors très-fréquenté : Vincent s'y distingua bientôt par son ardeur pour l'étude et la rapidité de ses progrès. Si son application au travail, si sa piété modeste le firent estimer de ses maîtres, sa douceur, sa bonté le rendoient cher à tous les élèves. Celui qui devoit être surnommé un jour le bon prêtre, le véritable ami des hommes, méritoit bien d'avoir tous ses condisciples pour amis de collége. Les professeurs parloient de lui avec complaisance; ils le citoient toujours comme leur meilleur élève et celui qui devoit leur faire le plus d'honneur. Après quatre ans d'étude, il fut jugé digne d'être maître lui-même.

M. de Commet l'aîné, avocat d'Acqs, et juge de Pouy, sur les rapports qu'on lui fit des connoissances et des mœurs de Vincent, lui confia l'éducation de ses deux fils. M. de Commet, qui fut son premier bienfaiteur, mérite la reconnoissance de la postérité. L'emploi de confiance qu'il lui donna eut pour lui l'inappréciable avantage d'épargner à son père les frais de sa pension. Vincent continua pendant cinq ans ses études, et surpassa les espérances qu'il avoit données. Sa sagesse, sa bienfaisance ne firent que croître avec les années. Sa vocation pour l'état ecclésiastique s'étant déclarée, il reçut à l'âge de 20 ans, le 20 décembre 1596, la tonsure et les ordres mineurs : et dans quelle autre carrière auroit-il pu mieux remplir le ministère de charité auquel l'appeloit la Providence !

Engagé dans les ordres, le jeune Vincent dut suivre un cours de théologie ; il fallut quitter le pays natal et se rendre dans un séminaire. Ce voyage, cette nouvelle école, exigèrent de nouvelles dépenses ; son père se vit obligé de faire encore un sacrifice. Il fut réduit à vendre une paire de bœufs ; et, avec le prix de cette vente, son fils s'achemina vers le séminaire de Toulouse, où il resta sept ans et fut reçu bachelier. Les vacances de l'université ne furent jamais pour lui un temps de repos et de dissipation ; il les employa à former dans la petite ville de Buset, à cinq lieues de Toulouse, une école qui devint bientôt florissante. Il y trouva ce qu'il cherchoit avidement, le moyen de n'être pas à charge à sa famille, et il s'empressa d'en donner à sa mère la douce assurance. Il s'y acquit un protecteur, le duc d'Epernon, dont deux jeunes parens, petits-fils du fameux grand-maître de Malte, Jean de la Vallete, avoient été placés auprès du jeune et studieux séminariste. Ayant conduit sa petite colonie à Toulouse, il l'instruisit en suivant lui-même les cours de l'université.

Pendant ce cours de théologie, il fit, il est vrai, un voyage en Espagne pour étudier à l'université de Saragosse, mais il s'en éloigna bientôt, à cause des disputes scolastiques qui la divisoient et qu'il a évitées toute sa vie. Il prit le sous-diaconat à Tarbes, le 19 septembre 1598, et le diaconat trois mois après. Enfin, le 23 septembre 1600, il fut ordonné prêtre. Son père n'eut pas le bonheur d'assister à sa première messe et de recueillir les premiers fruits de tous les sacrifices qu'il avoit faits pour lui ; il étoit mort deux ans avant son ordination. Mais les prières d'un fils reconnoissant montèrent jusqu'au trône de l'Eternel. Le sacerdoce que Vincent alloit exercer le remplissant d'une sainte frayeur, il voulut s'y préparer dans le plus profond recueillement et dans le silence de la solitude. Il choisit pour cela une chapelle, située sur une montagne, au milieu des bois, sur les rives du Tarn, et là, assisté d'un prêtre et d'un jeune lévite, il offrit à Dieu son premier sacrifice.

A peine les grands-vicaires de Dax, le siége vacant, eurent-ils appris que Vincent avoit été ordonné prêtre qu'ils le nommèrent à la cure de Tilh; mais un compétiteur inconnu ayant déjà obtenu cette cure de la cour de Rome, le jeune prêtre s'empressa de la lui céder. A cette époque, le duc d'Epernon, voulant sans doute reconnoître les services rendus à sa famille par Vincent dans l'éducation de ses jeunes parens, voulut lui faire obtenir un évêché; tout puissant à la cour, il ne l'auroit pas demandé en vain ; mais il n'avoit pas consulté son sage et modeste protégé, dont le désintéressement s'opposoit vivement à ce projet. Vincent fit à Bordeaux, en 1606, un voyage dont le sujet n'est pas connu, mais qui devoit être important, si on en juge par une lettre dans laquelle il dit qu'il avoit entrepris ce voyage pour une affaire qui *requéroit grande dépense, et qu'il ne pouvoit déclarer sans témérité.*

A son retour à Toulouse, il fut occupé quelque temps à recueillir l'héritage d'une pauvre femme qui, par estime pour ses vertus, et dans l'intérêt des pauvres, l'avoit, quoique absent, institué son légataire. Un débiteur de cette succession s'étoit retiré à Marseille, où il faisoit un commerce avantageux. Vincent se rendit dans cette ville, où, à son arrivée, il fut obligé pour vivre de vendre le cheval sur lequel il étoit venu. Une transaction eut bientôt rempli l'objet de son voyage. Sur le point de retourner à Toulouse par terre, il s'embarqua sur les instances d'un gentilhomme du Languedoc avec lequel il étoit logé ; cette navigation amena un des plus intéressans évènemens de sa vie ; cet intérêt s'accroît encore par le récit suivant qu'il en a fait lui-même, et qu'il adressa d'Avignon à M. Commet jeune.

« Je m'embarquai, dit-il, pour Narbonne pour y être plus tôt et pour épargner, ou pour mieux dire pour n'y être jamais et pour tout perdre. Le vent nous fut autant favorable qu'il falloit pour nous rendre ce jour-là à Narbonne (qui étoit faire cinquante lieues), si Dieu n'eût permis que trois brigantins turcs qui côtoyoient le golfe de Lyon pour attraper les barques qui venoient de Beaucaire, où il y avoit une foire que l'on estime être des plus belles de la chrétienté, ne nous eussent donné la charge, et attaqué si vivement que, deux ou trois des nôtres étant tués et tout le reste blessé, et même moi qui eus un coup de flèche qui me servira d'horloge tout le reste de ma vie, n'eussions été contraints de nous rendre à ces félons. Les premiers éclats de leur rage furent de hâcher notre pilote en mille pièces, pour avoir perdu un des principaux des leurs, outre quatre ou cinq forçats que les nôtres tuèrent : cela fait, ils nous enchaînèrent, et, après nous avoir grossièrement pansés, ils poursuivirent leur pointe, faisant mille voleries, donnant néanmoins liberté à ceux qui se rendoient sans combattre, après les avoir volés : et enfin, chargés de marchandises, au bout de sept à huit jours, ils prirent la route de Barbarie, tanière et spélonque de voleurs sans aveu, du Grand-Turc, où étant arrivés ils nous exposèrent en vente avec un procès-verbal de notre capture, qu'ils disoient avoir été faite dans un navire espagnol ; parce que, sans ce mensonge, nous aurions été délivrés par le consul que le Roi tient en ce lieu là pour rendre libre le commerce aux Français. Leur procédure à notre vente fut qu'après qu'ils nous eurent dépouillés, ils nous donnèrent à chacun une paire de caleçons, un hoqueton de lin avec une bonnette, et nous promenèrent par la ville de Tunis, où ils étoient venus expressément pour nous vendre. Nous ayant fait faire cinq ou six tours par la ville, la chaîne au col, ils nous ramenèrent au bateau, afin que les marchands vinssent voir qui pouvoit bien manger et qui non, et pour montrer que nos plaies n'étoient point mortelles. Cela fait, ils nous ramenèrent à la place, où les marchands nous vinrent visiter tout de même que l'on fait à l'achat d'un cheval.

ou d'un bœuf, nous faisant ouvrir la bouche pour voir nos dents, palpant nos côtés, sondant nos plaies, nous faisant cheminer le pas, trotter et courir, puis lever des fardeaux, et puis lutter pour voir la force de chacun, et mille autres sortes de brutalité.

»Je fus vendu à un pêcheur, qui fut contraint de se défaire bientôt de moi pour n'avoir rien de si contraire que la mer, et depuis par le pêcheur à un vieillard médecin spagyrique, souverain tireur de quintescences, homme fort humain et traitable, lequel, à ce qu'il me disoit, avoit travaillé, l'espace de cinquante ans, à la recherche de la pierre philosophale, etc. Il m'aimoit fort et se plaisoit de discourir de l'alchimie, et puis de sa loi, à laquelle il faisoit tous ses efforts de m'attirer, me promettant force richesse et tout son savoir. Dieu opéra toujours en moi une croyance de délivrance par les assidues prières que je lui faisois, et à la vierge Marie, par la seule intercession de laquelle je crois fermement avoir été délivré. L'espérance donc et la ferme croyance que j'avois de vous revoir, Monsieur, me fit être plus attentif à m'instruire du moyen de guérir de la gravelle, en quoi je voyois journellement faire des merveilles : ce qu'il m'enseigna et même me fit préparer et administrer des ingrédiens. Oh! combien de fois ai-je désiré depuis d'avoir été esclave auparavant la mort de votre frère! car je crois que, si j'eusse su le secret que maintenant je vous envoie, il ne seroit pas mort de ce mal-là, etc.

»Je fûs donc avec ce vieillard depuis le mois de septembre 1605 jusqu'au mois d'août 1606, qui fut pris et mené au grand sultan pour travailler pour lui; mais en vain, car il mourut de regret par les chemins. Il me laissa à un sien neveu, vrai anthropomorphite, qui me revendit bientôt après la mort de son oncle, parce qu'il ouït dire comme M. de Brèves, ambassadeur pour le Roi en Turquie, venoit avec bonnes et expresses patentes du Grand-Turc pour recouvrer tous les esclaves chrétiens. Un renégat de Nice en Savoie, ennemi de nature, m'acheta et m'emmena en son *témat*: ainsi s'appelle le bien que l'on tient comme métayer du grand seigneur; car là le peuple n'a rien, tout est au sultan. Le témat de celui-ci étoit dans la montagne, où le pays est extrêmement chaud et désert. L'une des trois femmes qu'il avoit étoit grecque chrétienne, mais schismatique; une autre étoit turque, qui servit d'instrument à l'immense miséricorde de Dieu pour retirer son mari de l'apostasie, et le remettre au giron de l'Eglise, et me délivrer de l'esclavage. Curieuse qu'elle étoit de savoir notre façon de vivre, elle me venoit voir tous les jours aux champs où je fossoyois; et un jour elle me commanda de chanter les louanges de mon Dieu: le ressouvenir du *Quomodo cantabimus in terrâ alienâ* des enfans d'Israel captifs en Babylone me fit commencer, la larme à l'œil, le psaume *Super flumina Babylonis*, et puis le *Salve regina*, et plusieurs autres choses: en quoi elle prenoit tant de plaisir, que c'étoit merveille; elle ne manqua pas de dire à son mari le soir, qu'il avoit eu tort de quitter sa religion, qu'elle estimoit extrêmement bonne, par un récit que je lui avois fait de notre Dieu, et quelques louanges que j'avois chantées en sa présence; en quoi elle disoit avoir ressenti un tel plaisir, qu'elle ne croyoit point que le paradis de ses pères, et celui qu'elle espéroit, fût si glorieux ni accompagné de tant de joie, que le contentement qu'elle avoit ressenti pendant que je louois mon Dieu, concluant qu'il y avoit en cela quelque merveille. Cette femme, comme une autre Caïphe, ou comme l'ânesse de Balaam, fit tant par ses discours que son mari me dit, dès le lendemain, qu'il ne tenoit qu'à une commodité que nous ne nous sauvassions en France; mais qu'il y donneroit tel remède que dans peu de jours Dieu en seroit loué. Ce peu de jours dura dix mois, qu'il m'entretint en cette espérance, au bout desquels nous nous sauvâmes avec un petit esquif, et nous rendîmes, le 28 de juin à Aigues-Mortes, et tôt après en Avignon, où M. le vice-légat reçut publiquement le rénégat, avec la larme à l'œil et le sanglot au cœur, dans l'église de St.-Pierre, à l'honneur de Dieu et édification des assistans. Mondit seigneur nous a retenus tous deux pour nous mener à Rome, où il s'en va tout aussitôt que son successeur sera venu : il a promis au pénitent de le faire entrer à l'austère couvent *Dei frati buon fratelli*, où il s'est voué, etc. »

Ce monument de fidélité à la Religion de nos pères, dans le pays de despotisme et de l'idolâtrie, n'a été connu qu'après la mort de Vincent. Sa modestie nous l'auroit dérobé, si des amis fidèles n'avoient adroitement éludé ses intentions. L'amour de la patrie respire au milieu des sentimens religieux qui ont dicté cette intéressante narration. Elle nous rappelle de nobles et récentes infortunes ; d'autres exemples de fidélité que l'histoire a déjà consacrés. Combien de Français, exilés de nos jours sur les rives de la Tamise, de la Vistule et de la Néva, ont dit, comme Vincent et le Roi prophète, aux peuples de ces climats hospitaliers qui leur demandoient de faire entendre les chants joyeux de la France : *Nos harpes sont suspendues aux saules de vos rivages ; nous ne pouvons chanter sur une terre étrangère !.*

CHAPITRE II.

Séjour de Vincent à Rome. — Il est envoyé auprès d'Henri IV. — Il est accusé de vol, nommé curé de Clichi, puis précepteur des enfans du comte de Gondi.

Le vice-légat d'Avignon, qui avoit si bien accueilli le maître et l'esclave, se nommoit André Montorio; il conduisit Vincent à Rome, et le fit jouir de tous les avantages de la plus douce hospitalité. Il le logea dans son palais, l'admit à sa table.

Dans cette capitale du monde chrétien, Vincent se livra à ses études accoutumées, que sa captivité à Tunis avoit interrompues. Rome moderne, Rome sainte l'intéressa plus que Rome antique, qui n'a jamais eu rien à comparer à la basilique de St.-Pierre, et au palais du Vatican; il ne visita point les palais des Tibère et des Néron, ces oppresseurs des Romains et du monde; mais on le vit dans les églises, dans les monastères et surtout dans les hôpitaux. Celui du St.-Esprit, le plus vaste et le plus magnifique de l'Europe, fixa surtout son attention; il en étudia soigneusement l'administration intérieure. L'asile du malheur et des infirmités humaines, qu'il étoit appelé à soulager, fut pour lui une école où il se forma à ce touchant ministère. Combien de fois il descendit dans les catacombes pour prier avec les saints martyrs qui s'y étoient réfugiés pendant les persécutions et dont les restes précieux y étoient déposés.

Le vice-légat enchanté de la conduite de Vincent en parloit toujours avec éloge. L'ambassadeur de France voulut voir ce digne prêtre; il s'entretint avec lui et le jugea comme l'avoit jugé le vice-légat. Il avoit à confier une mission importante auprès du Roi de France Henri IV; cette mission demandoit le plus grand secret et devoit être exposée verbalement à Sa Majesté. Vincent avoit obtenu toute l'estime de l'ambassadeur; ce fût à lui que la mission fut confiée, et il partit pour la France plein d'une tendre reconnoissance pour son bienfaiteur. Toute sa vie il s'est rappelé avec joie son séjour à Rome. Trente ans après, il écrivoit à un prêtre de sa compagnie « qu'il fut si consolé (ce sont ses propres termes), de se voir en cette ville, maîtresse de la chrétienté, où est le chef de l'Eglise militante, où sont les corps de St. Pierre et de St. Paul et de tant d'autres martyrs et de saints personnages qui ont autrefois versé leur sang et employé leur vie pour Jésus-Christ, qu'il s'estimoit heureux de marcher sur la terre où tant de grands saints avoient marché, et que cette consolation l'avoit attendri jusqu'aux larmes. »

Vincent arriva en France et lui fut acquis pour toujours en 1609; il se rendit aux Tuileries, non dans le faste et le somptueux équipage d'un député diplomatique, mais dans toute la simplicité d'un missionnaire. A le voir dans le costume le plus modeste, sans suite et sans introducteur, on l'eût pris pour un bon pasteur de village venant exposer au bon Henri la misère de son troupeau et solliciter ses bienfaits. Il remplit sa mission en sujet fidèle et habile. Henri IV fut frappé de la justesse et de la solidité de son esprit, et prit plaisir à l'entretenir. On aime à voir le bon Roi accueillir le bon prêtre, le fils d'un pauvre laboureur. Vincent fut heureux de remplir sa mission à cette époque ; il put voir et approcher le grand Henri ; un an après, il devoit le pleurer avec toute la France.

Du palais de nos Rois, il passa à l'hôpital de la Charité ; il soignoit, servoit les malades, exhortant les uns à la mort, ramenant les autres à la vie et à la religion. Ce ministère de charité exercé spontanément et par la seule impulsion d'un cœur généreux frappa d'autant plus les esprits de surprise et d'admiration, qu'il étoit presque inconnu à la suite des guerres civiles amenées par les déplorables innovations dans la croyance des peuples. Nous savons, par une cruelle expérience, que les révolutions sont fatales aux bonnes œuvres et arrêtent les élans de la charité. La conduite pieuse de Vincent, son dévouement pour les pauvres, son humilité, son désintéressement, lui attirèrent l'estime de tous ceux qui étoient à portée de le connoître. M. de Bérulle, fondateur de l'Oratoire, et depuis cardinal, fut celui qui, le premier, l'accueillit et l'apprécia. Tous deux avoient le même âge, les mêmes inclinations, la même carrière à parcourir, et ils se lièrent de l'amitié la plus étroite.

Tandis que Vincent se consacroit ainsi aux bonnes œuvres, l'accusation la plus injuste et la plus cruelle vint peser sur sa tête. L'homme le plus désintéressé et le plus irréprochable fut accusé de vol par le juge *de Sore*, village situé dans les landes de Bordeaux. Ils étoient logés ensemble dans le faubourg Saint-Germain, où ils occupoient la même chambre; le compatriote de Vincent étant sorti un jour de grand matin, laissa par mégarde une armoire ouverte, dans laquelle il avoit déposé une somme de quatre cents écus. Vincent étoit malade, et étoit resté au lit en attendant une médecine. Le garçon apothicaire qui l'apporta, cherchant un verre dans l'armoire, vit le sac d'argent et s'en empara. A son retour, le juge court à l'armoire, cherche l'argent, et ne le trouvant pas, le demande à Vincent, qui répond qu'il ne l'a point pris ni vu prendre. Le juge s'emporte, l'accuse du vol, veut le rendre responsable de la perte qu'il venoit de faire, et le chasse violemment de la chambre; la patience et le silence même de Vincent paroissent être des preuves contre lui; le juge le diffame partout comme un hypocrite qui avoit abusé de sa confiance. Il se rend chez M. de Bérulle, et, en présence d'une nombreuse compagnie de gens d'honneur et de piété, il renouvelle son accusation et menace de poursuivre Vincent. Dans une conjoncture si affligeante, celui-ci conserva toute la paix du cœur. Se réfugiant dans le sein de celui qui a été calomnié sur la terre, il se contente toujours de dire à son accusateur, en levant les yeux au ciel, que *Dieu savoit la vérité*. Elle fut enfin connue des hommes; le voleur, ayant été arrêté quelque temps après à Bordeaux, pour d'autres crimes, fit appeler dans sa prison le juge de Sore, car il savoit bien que les quatre cents écus lui appartenoient et non au pauvre Vincent; il révéla tout et lui restitua son argent. Sans doute que la joie de le retrouver fut un peu troublée par la cruelle injustice avec laquelle il avoit traité un prêtre pieux et modeste; en effet il lui écrivit pour lui demander pardon, le suppliant de lui donner ce pardon par écrit; il ajoutoit que si cette grâce lui étoit refusée, il viendroit en personne à Paris se jeter à ses pieds, et la lui demander la corde au cou. Le pardon étoit accordé depuis long-temps.

Cette calomnie avoit si peu affoibli l'estime et la confiance générale dont Vincent jouissoit que, pendant le plus grand éclat de cette affaire, il fut nommé aumônier ordinaire de la reine Marguerite de Valois. Il remplit les fonctions de cet emploi sans sortir de la maison de l'Oratoire, où il étoit entré peu auparavant, sans aucun dessein de s'attacher à cette congrégation, et seulement pour se rapprocher de M. de Bérulle, son conseil et son ami. Avant d'être aumônier de Marguerite de Valois, il avoit quitté son nom de Paul, dans la crainte qu'on ne le crût de grande naissance; il n'avoit conservé que celui de Vincent. Quoiqu'il fût licencié en théologie, il ne se disoit partout qu'un pauvre écolier. Dans sa retraite à l'Oratoire, qui dura deux ans,

M. de Bérulle reconnut que Dieu appeloit son ami à de grandes choses; il prévit dès lors et lui déclara qu'il étoit destiné à former une nouvelle communauté de prêtres qui devoient rendre à l'Eglise et à l'Etat d'importans services. Ce fut M. de Bérulle lui-même qui engagea Vincent à quitter la maison de l'Oratoire pour aller occuper la cure de Clichi, vacante par la démission de M. Bourgoing, lequel, à cette époque, entra dans l'Oratoire, et en devint dans la suite le supérieur général.

Henri IV n'étoit plus; la France en deuil étoit passée tout à coup du gouvernement d'un roi tout français à celui d'une régence tout étrangère. La guerre civile alloit commencer, lorsque Vincent prit possession de la cure de Clichi, qu'il ne devoit occuper qu'un an. A juger par la manière dont il y débuta, on croiroit qu'il comptoit y passer toute sa vie; aux grandes entreprises qu'il exécuta pendant ce court espace de temps, on diroit qu'il y a passé de longues années. L'église de ce village tomboit en ruines, il la fit reconstruire; elle manquoit de linge, d'ornemens, de tout ce qui étoit nécessaire à la dignité du culte divin, elle en fut bientôt pourvue; et toutes ces dépenses, qui s'élevèrent à une somme considérable, ne furent point à la charge des paroissiens, qui tous étoient aussi pauvres que leur église. Vincent ne les fit pas non plus avec ses propres fonds, car il étoit le plus pauvre de la paroisse; mais il sut intéresser à ces projets de restauration de riches particuliers de Paris, qui avoient des maisons de campagnes à Clichi, situé à une petite lieue de cette capitale. Ce fut en excitant leur zèle et leur piété qu'il trouva des ressources abondantes. Ils s'estimèrent heureux de seconder un pasteur qui annonçoit de si favorables dispositions pour son troupeau. Ils le voyoient sans cesse visiter les malades, consoler les affligés, porter la paix dans les familles. Ses prônes, ses catéchismes respiroient une onction touchante à laquelle rien ne pouvoit résister. A l'exemple le plus édifiant il joignoit des manières pleines de douceur et d'affabilité. Les pères le chérissoient, les enfans accouroient à lui, comme s'ils eussent pressenti qu'il devoit être un jour le refuge et le bienfaiteur de l'enfance. Il ramena tous les cœurs à la religion et à toutes les vertus qu'elle inspire. Les curés du voisinage venoient le consulter dans leurs doutes, et trouvaient dans leur confrère un ami et un modèle.

Un si doux ministère fut interrompu par celui-là même qui en avoit chargé Vincent. M. de Bérulle l'enleva à Clichi pour lui confier l'éducation des deux fils de Philippe-Emmanuel de Gondi, comte de Joigny et général des galères de France. La pieuse femme de ce seigneur avoit demandé un précepteur à M. de Bérulle qui, connoissant tout le mérite de son ami, pensa qu'il ne pouvoit faire un meilleur choix. Il fallut toute l'obéissance de Vincent aux ordres de son directeur pour le décider à quitter son troupeau, auquel il conserva toujours l'affection d'un père. «Je m'éloignai tristement de ma petite église de

Clichi, dit-il dans une de ses lettres ; mes yeux étoient mouillés de larmes, et je bénis, en sanglotant, ces hommes et ces femmes qui venoient vers moi, et que j'avois tant aimés. Mes pauvres y étoient aussi, et ceux-là me fendoient le cœur. Je marchois avec mon petit mobilier sur la route de Clichi ; j'arrivai à Paris le 25 janvier au soir. » En partant, il pria son successeur d'exécuter un projet qu'il n'avoit eu que le temps de former. Il l'engagea à élever dans son presbytère plusieurs jeunes clercs, pour les préparer aux fonctions du sacerdoce. Il choisit lui-même à Paris ceux qu'il jugea plus dignes de ce noviciat, et il fournit constamment à toutes leurs dépenses. Cette utile institution s'est conservée jusqu'à la révolution.

Un sentiment de pure obéissance, de cette vertu que Vincent a pratiquée toute sa vie, l'ayant amené dans la maison de Gondi, il s'y conduisit avec la sagesse qui avoit attiré sur lui le choix de M. de Bérulle. Les fils du comte de Joigny qui lui furent confiés étoient encore fort jeunes. L'aîné, Pierre de Gondi, qui dans la suite fût duc de Retz, pair de France, et général des galères par la démission de son père, étoit né en 1602 ; le second, Henri, mourut fort jeune ; le troisième, Paul de Gondi, qui devint archevêque de Paris, après trois prélats de son nom, puis cardinal, et qui n'est que trop connu sous le nom de Coadjuteur, naquit en 1614, et n'existoit pas encore quand Vincent fut chargé de l'éducation de ses frères. Le Saint ayant quitté cet emploi après l'avoir exercé trois ans, et ne l'ayant repris, au bout de quelques années, que sous la condition expresse qu'il n'auroit qu'une inspection générale sur les fils du comte, on ne peut pas dire avec fondement qu'il ait élevé le conspirateur de la Fronde.

La maison de Gondi, originaire de Florence, se distinguoit alors autant par les plus honorables alliances que par les emplois les plus importans. Elle présentoit d'illustres exemples de piété. La comtesse de Joigny, Françoise-Marguerite de Silly, fille aînée du comte de Rochepot, étoit citée comme une des femmes les plus accomplies de son temps. Pieuse, compatissante, généreuse, elle ne s'occupoit que de ses devoirs d'épouse et de mère chrétienne. Le choix du précepteur de ses enfans, appelés par la naissance aux premières dignités de l'Église et de l'État, avoit fixé toute sa sollicitude. Aussi Vincent fut accueilli par elle et par son époux avec tous les égards que demandoit l'importance des fonctions qu'il venoit remplir. Il avoit sacrifié à la volonté de M. de Bérulle sa répugnance pour le commerce du grand monde. Mais il vécut au milieu de la foule brillante qu'attiroit sans cesse le rang du général des galères, comme s'il eût été dans une Thébaïde; au milieu des richesses et du luxe, il trouva le moyen de visiter encore l'asile des indigens. Il se délassoit au sein des hôpitaux du bruit et du spectacle de la grandeur. Attentif à ne se mêler que de ce qui regardoit l'éducation de ses élèves, il ne se présentoit devant le général et son épouse que lorsqu'ils le faisoient appcler. Retiré dans sa chambre comme dans une cellule, il n'en sortoit, après avoir rempli les devoirs de sa place, que pour exercer ceux de la charité. Il n'avoit de rapport avec les domestiques de la maison que pour leur être utile; il les visitoit quand ils étoient malades, les consoloit dans leurs afflictions, apaisoit leurs querelles, et leur rendoit tous les services qui dépendoient de lui. A l'approche des fêtes solennelles, il les rassembloit pour les instruire et les disposer à se présenter dignement à la sainte table. Lorsque le comte le menoit avec sa famille dans ses terres de Joigny, de Montmirail et de Villepreux, il devenoit le pasteur des pauvres villageois, et en exerçoit toutes les fonctions avec l'approbation des évêques et l'agrément des curés.

Il s'occupoit trop de diriger dans les bonnes voies tous ceux qui appartenoient à la maison de Gondi pour en oublier les chefs. Ses rapports avec le comte et son épouse étoient mêlés de douceur et de respect. A table, il mettoit adroitement la conversation sur des sujets intéressans pour en bannir les propos frivoles et souvent dangereux.

Dans une occasion importante, il déploya la fermeté d'un ministre des autels et le zèle d'un ami. Le général avoit reçu une insulte grave, et voulut la laver dans le sang de son ennemi : un duel est engagé; le lieu, le jour, l'heure sont fixés. Vincent en est instruit; il sait que le comte doit se rendre au lieu du combat après avoir entendu la messe. Indigné de l'outrage fait au Dieu de paix, il se rend à la chapelle ou le comte étoit encore, et tombant à ses pieds : *Souffrez*, lui dit-il, *que je vous parle en toute humilité ; je sais de bonne part que vous avez dessein d'aller vous battre en duel ; mais je vous déclare de la part de mon Sauveur, que vous venez d'adorer, que, si vous ne quittez ce mouvais dessein, il exercera sa justice sur vous et sur toute votre postérité.* Après ces paroles prononcées avec l'accent de la charité et de la douleur, il se retira, bien résolu à suivre le comte, et à se placer entre les deux combattans ; mais le général fut désarmé par le saint prêtre, et il laissa à Dieu le soin de sa vengeance. Ce trait si honorable pour Vincent peint les mœurs de ce siècle, où la violence des préjugés cédoit à la voix d'un simple prêtre, et où la fierté militaire ne dédaignoit pas les conseils de l'humble piété.

CHAPITRE III.

Première mission. — Vincent quitte la maison de Gondi pour la cure de Châtillon-les-Dombes, en Bresse. — Son séjour et ses travaux à Châtillon. — Fondation de la confrérie de la charité pour les pauvres malades.

La comtesse apprit bientôt que Vincent avoit sauvé les jours ou du moins le repos de son mari, et l'on juge de quelle estime et de quelle reconnoissance elle fut pénétrée pour lui. Comme précepteur de ses enfans, il avoit déjà obtenu toute sa confiance par la régularité et la réserve de sa conduite; le dévouement, la sagesse qu'il venoit de déployer le firent regarder par le comte et par toute sa famille comme l'ami le plus fidèle. Mme. de Gondi résolut de lui donner la direction de sa conscience; mais comme elle savoit que l'humilité de Vincent seroit le plus grand obstacle à l'exécution de ce projet, elle s'adressa à M. de Bérulle, et le pria d'agir pour elle. M. de Bérulle approuva sa résolution, et Vincent ne put résister aux conseils et à l'autorité d'un homme si révéré. Sous ce pieux directeur, la comtesse se livra avec une ardeur nouvelle à la pratique des vertus. Ses aumônes devinrent plus abondantes et mieux réglées; elle visitoit les malades et se faisoit un honneur de les servir; elle ne plaçoit dans ses domaines que des hommes d'une probité reconnue; elle terminoit à l'amiable tous les différends de ses vassaux; M. de Gondi, animé du même esprit, s'associoit à toutes ces bonnes œuvres, mais ses emplois l'appelant tantôt à la cour, tantôt aux extrémités du royaume où étoient les galères, il se reposoit sur Vincent qui, dans une mission qu'il fit, au château de Folleville, en Picardie, dépendant des domaines de la maison de Gondi, vit s'ouvrir la carrière immense qu'il devoit parcourir.

Il relevoit à peine d'une longue maladie, lorsqu'ayant administré avec le plus grand fruit un pauvre paysan au lit de la mort, Mme. de Gondi l'engagea à faire pour tout le peuple de Folleville ce qu'il avoit fait pour ce pauvre malade. Il commença donc une mission; mais son zèle ne pouvant suffire, il fit venir d'Amiens trois prêtres qui l'entreprirent avec lui: elle fut si heureuse, que Vincent forma le projet de la perpétuer par une institution durable. La mission avoit commencé le 25 janvier, jour où l'Eglise honore la conversion de St. Paul; tous les ans, le 25 janvier, le saint Prêtre en célébroit la mémoire et en rendoit à Dieu de très-humbles actions de grâces. Le château de Folleville peut donc être regardé comme le berceau des missions pour la France. Mme. de Gondi, qui avoit suivi tous les exercices de cette première mission, en fut si satisfaite, qu'elle en fonda dans tous ses domaines.

Ces succès, ces services attiroient à Vincent des éloges, des suffrages unanimes; il voulut s'y dérober : l'admiration, la reconnoissance qu'il excitoit, l'affligeoient vivement et lui inspiroient des craintes pour sa vertu. Quelques précautions que l'on prit pour ne pas blesser sa modestie, les attentions pour un *misérable* (c'est le nom qu'il se donnoit), faisoient son supplice. Il ne pouvoit souffrir surtout que Mme. de Gondi le regardât comme un homme nécessaire, et pour lui prouver qu'il ne l'étoit pas, il la fit consentir à confier la direction de sa conscience à un père Récollet, dont il connoissoit les lumières et l'expérience : lui ayant fait avouer que ce nouveau directeur étoit digne de sa confiance, il se servit de cette épreuve pour la convaincre qu'elle pouvoit être aussi bien dirigée par un autre que par lui. Heureux d'avoir pu remettre ce dépôt précieux, il ne songea qu'à la retraite. Le grand monde l'importunoit ; l'homme le plus simple et le plus frugal se voyoit avec peine assis à la table somptueuse d'un grand seigneur ; d'ailleurs celui qui devoit couvrir la France de monumens de charité ne croyoit peut-être pas pouvoir borner son zèle à l'édification d'une famille et à l'éducation de deux enfans.

Vincent ne confia le projet de sa fuite qu'à M. de Bérulle. Il lui dit que tous ses vœux étoient d'aller se consacrer au fond d'une province éloignée, à l'instruction et au service des pauvres habitants des campagnes. M. de Bérulle jugea sans doute qu'il devoit avoir des motifs bien légitimes pour quitter le poste où il l'avoit placé, et sans combattre son projet, il lui proposa d'aller travailler à Châtillon-les-Dombes, petite ville de la Bresse.

Vincent partit de Paris en prétextant un petit voyage à Lyon; un prêtre de l'Oratoire lui donna une lettre de recommandation pour un habitant de Châtillon nommé Reynier, qui, quoique calviniste, le reçut dans sa maison, le presbytère étant ruiné. Nous verrons bientôt comment le Saint reconnut cette généreuse hospitalité. De Châtillon il écrivit au comte de Gondi, qui étoit absent de Paris au moment de son départ; il le supplioit d'agréer sa retraite qu'il avoit cachée à la comtesse dans la crainte que cette dame ne s'y opposât. Il ne lui donna d'autre motif de sa conduite que la persuasion où il étoit qu'il n'avoit pas les talens nécessaires pour élever ses enfans.

Le comte, vivement affecté de cette nouvelle inattendue, fit part de sa douleur à sa femme dans les termes suivans :

« Je suis au désespoir d'une lettre que m'a écrite M. Vincent, et que je vous envoie, pour voir s'il n'y auroit point encore quelque remède au malheur que ce nous seroit de le perdre. Je suis extrêmement étonné de ce qu'il ne vous a rien dit de sa résolution, et que vous n'ayez point eu d'avis : je vous prie de faire en sorte, par tous les moyens, que nous ne le perdions point; car, quand le sujet qu'il prend seroit bien véritable, il ne me seroit de nulle considération, n'en ayant point de plus forte que celle de mon salut et de mes enfans, à quoi je sais qu'il pourra un jour beaucoup aider, et aux résolutions que je souhaite plus que jamais pouvoir prendre, et dont je vous ai bien souvent parlé. Je ne lui ai point encore fait de réponse, et j'attendrai de vos nouvelles auparavant. Jugez si l'entremise de ma sœur de Ragny, qui n'est pas loin de lui, sera à propos; mais je crois qu'il n'y aura rien de plus puissant que M. de Bérulle. Dites lui que, quand bien même M. Vincent n'auroit pas la méthode d'enseigner la jeunesse, il peut avoir un homme sous lui; mais qu'en toutes façons je désire passionnément qu'il revienne en ma maison, où il vivra comme il voudra, et moi un jour en homme de bien, si cet homme là est avec moi. »

La comtesse fut frappée comme d'un coup de foudre à la lecture de cette lettre qui lui parvint le mois de septembre 1617, jour de l'Exaltation de la sainte Croix. La fuite de Vincent fut pour elle une croix affligeante et un glaive de douleur. On en jugera par la lettre suivante qu'elle écrivit à une dame qui avoit toute sa confiance.

« Je ne l'aurois jamais pensé, dit elle; M. Vincent s'étoit montré trop charitable envers mon âme, pour m'abandonner de la sorte; mais Dieu soit loué, je ne l'accuse de rien, tant s'en faut; je crois qu'il n'a rien fait que par une spéciale providence de Dieu et touché de son saint amour; mais, de vérité, son éloignement est bien étrange; je confesse de n'y voir goutte. Il sait le besoin que j'ai de sa conduite, et les affaires que j'ai à lui communiquer; les peines d'esprit et de corps que j'ai soufferts, manquent d'assistance ; le bien que je désire faire en mes villages, qu'il m'est impossible d'entreprendre sans son conseil : bref, je vois mon âme en un très-pitoyable état. Vous voyez avec quel ressentiment M. le général m'en a écrit; que mes enfans dépérissent tous les jours; que le bien qu'il faisoit dans ma maison à sept ou huit mille âmes, qui sont dans mes terres, ne se fera plus. Quoi! ces âmes ne sont-elles pas aussi bien rachetées du sang précieux de Notre Seigneur, que celles de Bresse? Ne lui sont-elles pas aussi chères? De vrai, je ne sais comme M. Vincent l'entend, mais cela me semble assez considérable pour faire mon possible de le ravoir; il ne cherche que la plus grande gloire de Dieu, et je ne le désire pas contre sa sainte volonté, mais je le supplie de tout mon cœur de me le redonner. J'en prie sa sainte Mère, et je les en prierois encore plus fortement, si mon intérêt particulier n'étoit pas mêlé avec celui de M. le général, de mes enfans, de ma famille et de mes vassaux. »

Elle s'adressa en effet à M. de Bérulle qui lui donna quelque espérance, et lui promit même qu'il joindroit ses efforts aux siens pour obtenir le retour de Vincent dans sa maison. Sur cette promesse, elle écrivit à ce dernier plusieurs lettres très-pressantes dictées par l'amour maternel et la plus profonde piété. *Je sais bien*, lui disoit-elle, *qu'une vie comme la mienne, qui ne sert qu'à offenser Dieu, ne mérite pas d'être ménagée, mais mon âme doit être assistée à la mort.* Vincent crut devoir résister à ses instances : les intérêts de la Religion et des peuples sembloient demander qu'il restât à Châtillon ; il devoit y fonder la plus touchante et la plus utile de ses institutions.

Vincent s'étoit rendu à Châtillon-les-Dombes plutôt comme missionnaire que comme curé, mais il y remplit l'un et l'autre ministère dans toute leur étendue. Cette paroisse, comme celles de toute la Bresse, étoit dans l'état le plus déplorable. Le voisinage de Genève, berceau de la nouvelle hérésie, s'y faisoit sentir par les haines et les divisions qui régnoient dans les familles ; le clergé même n'avoit pas été à l'abri de cette funeste influence ; six malheureux ecclésiastiques, vieux et nullement instruits, n'opposoient aux désordres ni les efforts de leur zèle, ni l'autorité de leurs exemples. Vincent fut effrayé de la tâche immense qu'il s'étoit imposée ; il jugea qu'avec de tels collaborateurs il ne pouvoit faire aucun bien, et dans cette vue il se rendit à Lyon, pour y chercher du secours. Un docteur nommé Louis Girard, dont les vertus et les talens étoient connus dans la Bresse, où il étoit né, voulut bien se rendre avec lui à Châtillon. Il savoit peut-être que s'adjoindre à Vincent c'étoit s'associer à de bonnes œuvres et se préparer une ample moisson de mérites.

Ces deux ouvriers évangéliques se livrèrent, dès le mois d'août 1617, avec un zèle infatigable, à tous les travaux du ministère pastoral. Vincent régla la maison de son hôte le calviniste

Bernier, comme si c'eût été la sienne. On s'y levoit à cinq heures du matin; on y faisoit ensuite une demi-heure d'oraison; l'office et la messe se disoient à une heure marquée. Il n'y avoit que des hommes chargés du service de l'intérieur et du dehors. Comme à Clichi, Vincent visitoit régulièrement deux fois par jour son troupeau, et ses visites commençoient et finissoient toujours par la chaumière du pauvre, où il laissoit des consolations et des aumônes. Il s'attacha surtout aux enfans qui d'eux mêmes s'empressoient autour de lui, et faisoient partout son cortége; pour communiquer plus facilement avec eux, il fit une étude particulière du patois qui est en usage parmi le peuple; il l'apprit en peu de temps, et s'en servit pour faire les catéchismes.

Mais c'est vers le clergé de Châtillon qu'il dirigea les premiers efforts de son zèle; c'est par lui qu'il commença la réforme salutaire qu'il méditoit. Il engagea les prêtres qui avoient chez eux des personnes suspectes, à les en éloigner pour toujours; il leur persuada ensuite de ne plus se montrer dans les lieux publics, et de renoncer à l'usage dégradant d'exiger et de recevoir un salaire pour l'administration du sacrement de pénitence; il obtint d'eux qu'ils vécussent en communauté. Lorsqu'il les eut ainsi réunis, il leur fit connoître leurs devoirs, et les ramena insensiblement à la sainteté de leur ministère. Cette heureuse révolution, opérée par le seul ascendant de ses vertus, fut l'heureux présage de celle qui devoit bientôt avoir lieu dans toute la paroisse.

Parmi les conversions qu'il opéra, nous nous arrêterons à celles de deux jeunes dames, parce-qu'elles ont contribué au plus beau présent qu'un homme pût faire à l'humanité, la confrérie de la Charité.

Ces deux premières servantes des pauvres se nommoient, l'une Françoise Bochet de Maysériat, mariée à M. Gonard, seigneur de la Chaissaigne; et l'autre, Charlotte de Brie, mariée à M. Cajot, seigneur de Brunaud. Distinguées par leur naissance, leur fortune et par les agrémens de leur sexe, elles vivoient, avant l'arrivée de Vincent à Châtillon, non dans le désordre, mais dans la dissipation ; elles étoient citées dans la ville comme les modèles du bon ton. Leurs occupations ordinaires étoient les danses, les festins et les jeux. La curiosité plus que le devoir les ayant amenées aux premières prédications de Vincent, elles furent vivement touchés de son éloquence douce et persuasive, et lui firent d'elles-mêmes une visite. Profitant de cette première impression, il leur parla des devoirs sacrés d'épouse et de mère, il leur peignit avec tant d'attraits et de vérité le bonheur d'une vie chrétienne, qu'allant au-delà même de ses espérances, elles résolurent de se consacrer au service de la religion et des pauvres. Qu'on juge de l'heureux effet que produisit dans Châtillon une résolution qui fut aussitôt exécutée que conçue ! qu'on juge de l'influence que durent exercer deux jeunes dames qui n'avoient donné jusqu'alors que des exemples de luxe et de légèreté ! Elles se vouoient à ce double service de la religion et des pauvres, qui n'en est qu'un (car aimer Dieu et secourir son prochain n'est qu'une même chose), lorsque le malheur d'une pauvre famille vint donner à l'œuvre qu'elles avoient commencée une stabilité qui devoit traverser les siècles.

Un dimanche, à vêpres, au moment où Vincent alloit monter en chaire, une de ces deux dames de charité (je me hâte de leur donner ce nom qu'elles ont si bien mérité et qu'on aime tant à répéter) l'arrêta pour le prier de recommander aux aumônes de la paroisse une pauvre famille, dont la plupart des enfans et serviteurs étoient tombés malades dans une ferme éloignée d'une demi-lieue de Châtillon. L'exhortation qu'il fit à ses auditeurs en faveur de ces malheureux fut si touchante, Dieu donna à ses paroles tant de force et d'onction, qu'après la prière beaucoup de personnes se rendirent à la ferme, portant à ces pauvres gens du pain, du vin et toute espèce de provision. Vincent s'y rendit aussi, car il ne croyoit pas son ministère accompli par des paroles ; mais, ne sachant pas que ses paroissiens l'avoient devancé, il fut fort surpris de rencontrer dans le chemin une multitude de personnes qui revenoient par troupes, et d'en voir même plusieurs qui se reposoient sous des arbres à cause de la grande chaleur qu'il faisoit. Ce spectacle attendrissant dont il fut vivement satisfait, ne lui inspira qu'un sentiment d'humilité; ce concours, ce mouvement unanime de charité lui rappelèrent les paroles de l'Evangile. Il dit, comme l'apôtre St. Mathieu : ces *bonnes gens sont comme les brebis qui ne sont conduites par aucun pasteur.* Voilà, ajouta-t-il, une grande charité qu'ils exercent; mais *elle n'est pas bien réglée. Ces malades auront trop de provisions à la fois; celles qui ne seront pas consommées sur-le-champ se gâteront, et ces pauvres gens retomberont bientôt dans leurs premières nécessités.*

Le saint prêtre se trompoit; ce troupeau avoit un pasteur, et c'étoit vraiment celui de l'Evangile, qui donne sa vie pour ses brebis; outre la charité qui respiroit dans toutes ses actions, il avoit cet esprit d'ordre et de prévoyance qui enchaîne l'avenir au présent, et qui crée pour la postérité comme pour les contemporains. Vincent chercha donc un moyen de perpétuer ce qu'avoit produit un premier élan de commisération naturelle; il voulut rendre permanent ce qui n'eût été que passager. Il se concerta avec ces deux premières élèves et avec d'autres dames qui avoient de la piété et de la fortune, et il dressa un projet de règlement, dont il voulut qu'elles fissent l'essai avant de le présenter à l'approbation des supérieurs ecclésiastiques. C'est toujours avec cette maturité de jugement qu'il agissoit : il ne croyoit à la bonté d'une institution que lorsque l'expérience lui en avoit montré tous les avantages. Il se défioit de toutes ces belles théories en morale et en politique, qu'on pardonneroit si elles n'étoient que des chimères, mais qui sont trop souvent des fléaux.

Ainsi fut fondée et organisée, en 1617, la première confrérie de la Charité. Tandis que tout Paris étoit agité par les discordes civiles, que le Louvre voyoit en même temps le meurtre d'un(1) maréchal de France, le supplice de sa femme, l'exil d'une (2) reine, un prêtre seul, inconnu, fils d'un pauvre paysan, dans une ville presque ignorée, n'ayant d'autre richesse et d'autre crédit que son zèle et sa charité, posoit la première pierre de l'édifice simple, mais immense qui devoit être l'asile et l'espérance des pauvres dans une suite de générations, et couvrir un jour la France de son toit hospitalier.

Cette pieuse institution se répandit dans la suite à Bourg, à Joigny, à Villepreux, à Montmirel, en plus de trente paroisses dépendantes de la maison de Gondi. Elle passa plus tard en Lorraine, en Savoie, en Italie et en tant d'autres lieux, qu'on ne peut les compter. Vincent s'occupa toute sa vie à la propager; aussi, avant sa mort, des milliers de pauvres malades devoient à sa charité et à la plus louable industrie, des secours temporels et spirituels qu'ils recevoient de la piété des fidèles; il put jouir ainsi du prix de ses travaux, et pressentir les bénédictions de la postérité, quoiqu'il déclarât que, dans les différens établissemens de bienfaisance dont on le faisoit

---

(1) Le maréchal d'Ancre.
(2) Marie de Médicis.

auteur, il n'y avoit rien du sien, que tout s'étoit fait sans aucun dessein de sa part, et qu'il n'avoit jamais pensé que ces foibles commencemens dussent avoir les heureux effets qu'il plut à Dieu de leur donner.

La confrérie de la Charité, créée spécialement pour les pauvres de la campagne, auxquels Vincent a toujours montré une prédilection marquée, parce qu'ils sont les plus abandonnés, ne fut pas d'abord établie dans les grandes villes, où des hôpitaux sont ouverts et dotés pour les malheureux ; mais comme, soit par dégoût, soit par une fausse honte, beaucoup de pauvres ouvriers refusoient, comme ils refusent encore, de s'y faire transporter dans leur maladie, des dames charitables qui les voyoient souffrir sans assistance dans leurs réduits solitaires, sentirent depuis la nécessité d'appeler dans la capitale l'institution de Châtillon : elles se joignirent aux curés de leurs paroisses pour la demander à son fondateur ; la paroisse de St-Sauveur fut la première à jouir du bonheur de la posséder.

CHAPITRE IV.

Suite des travaux de Vincent à Châtillon. — Retour de Vincent dans la maison de Gondi. — Malheurs de Châtillon soulagés par les Dames de charité.

Les œuvres de charité jettent heureusement peu d'éclat ; les personnes qui s'y consacrent trouvent le rare avantage de rester modestes et presque autant ignorées que le malheur qu'elles soulagent. Ce prix attaché au bonheur de faire le bien étoit pour Vincent le plus puissant encouragement, mais des travaux plus éclatans lui étoient réservés. La conversion du comte de Rougemont ajouta malgré lui à sa réputation.

C'étoit un seigneur de Savoie, qui s'étoit retiré en France, lorsque Henri IV unit la Bresse à son royaume. Fier de sa naissance, de ses richesses et de sa bravoure, il avoit passé toute sa vie à la cour où régnoit la fureur des duels, et il s'y étoit fait la réputation du plus fameux duelliste. Non content de venger, l'épée à la main, ses injures personnelles, il se chargeoit de celles de ses amis. Sa haute taille, sa vigueur et son adresse lui donnoient toujours l'avantage. On auroit peine à croire, disoit Vincent, combien il avoit maltraité, blessé et tué de monde. Il étoit la terreur du pays, et quiconque lui déplaisoit étoit sûr d'être promptement expédié. La réputation de Vincent parvint à ce redoutable champion. Il voulut voir un homme que ses vertus et ses services faisoient chérir, autant que lui-même se faisoit détester par ses hauteurs, ses emportemens et sa manie des combats singuliers.

Il eut la franchise de lui avouer les torts et les excès qu'il avoit à se reprocher. Vincent accueillit avec bonté cette confession spontanée, et voulut la lui rendre profitable. Descendant en lui-même, le comte fut épouvanté de la terreur qu'il inspiroit; odieux à Dieu et aux hommes, il voulut se réconcilier avec eux. Celui qui avoit fait couler tant de larmes, en répandit sur lui-même.

Toujours aussi modéré que fort et insinuant dans ses discours, Vincent prit sur le comte l'ascendant que sa sagesse et sa sensibilité lui donnoient. Ce seigneur se condamna de lui-même à la pénitence la plus austère; elle fut aussi publique que ses désordres l'avoient été. Il vendit sa terre de Rougemont, et le prix de trente mille écus qu'il en tira, fut employé en entier à des œuvres pieuses et charitables. Le château de Chaulnes, où il faisoit sa résidence habituelle, fut converti par lui en un hospice ouvert à la douleur et au repentir. Les veuves, les orphelins, qui lui demandoient leurs pères et leurs époux, y trouvèrent un asile et des secours. Ils y furent traités constamment avec autant de bienveillance que de charité. Il adopta ces infortunés, et égala, autant qu'il fut en son pouvoir, la réparation à la perte qu'il leur avoit fait éprouver. Malgré le bon usage qu'il faisoit de ses biens, il voulut s'en détacher encore comme d'un lien qui le retenoit au monde, mais Vincent s'opposa fortement à cette renonciation, et il fallut toute l'autorité qu'il avoit sur lui pour l'en faire désister. Le père Desmoulins de l'Oratoire, qui nous a transmis ces faits, raconte que le comte de Rougemont lui disoit un jour, les yeux baignés de larmes : *Ah ! mon père, faut-il que je sois toujours traité de seigneur, et que je possède tant de bien ? Pourquoi M. Vincent m'impose-t-il cette dure nécessité ? que ne me laisse-t-il faire ! je vous assure que s'il me lâchoit la main, avant qu'il fût un mois, je ne posséderois pas un pouce de terre.*

Un jour que Vincent vint, selon sa coutume lui faire une visite, le comte lui dit : « Dernièrement étant en voyage, je me mis à examiner pendant la route, si je conservois encore quelque affection pour les choses d'ici bas : pendant cet examen, mes yeux s'étant fixés sur mon épée qui étoit à mon côté, je me suis demandé pourquoi je la portois encore. Si je venois à être attaqué, me dis-je en moi-même, elle serviroit à me défendre; mais aussi, ne pourrois-je pas encore en faire un usage barbare ? M'arrêtant à cette pensée, je suis descendu de cheval et j'ai brisé contre une pierre cette arme si fatale aux autres et à moi. Ce sacrifice est celui qui m'a le plus coûté. »

Ce vieux guerrier, ainsi désarmé de ses propres

mains, retrouva la paix et la liberté qu'il avoit depuis long-temps perdues : ses derniers jours coulèrent dans la pénitence la plus austère. Affligé d'une longue et cruelle maladie, il se fit transporter dans un des pieux asiles qu'il avoit fondés, et y mourut comblé de bénédictions qui toutes remontoient à Vincent.

La conversion du calviniste Beynier, qui avoit logé le serviteur de Dieu dans sa propre maison, lorsqu'il arriva à Châtillon, ajouta aux sentimens d'estime et d'admiration qu'excitoient partout ses travaux. Ce jeune homme comblé des biens de la fortune, les dissipoit avec d'autres jeunes gens dans les plaisirs et les joies du monde. L'hospitalité qu'il avoit donnée à un pasteur d'une religion qui n'étoit pas la sienne, le mit heureusement à même de le voir et de le suivre de plus près, et cet utile rapprochement amena le plus favorable événement. Il observa la vie publique et privée de son hôte ; sa douceur, son désintéressement, son zèle à soulager toutes les misères humaines le charmoient et obtinrent toute sa confiance ; entraîné d'abord vers lui par un sentiment irrésistible, ses conseils et ses instructions décidèrent son retour à la religion de ses pères. La religion de Vincent, dit-il en lui-même, ne peut-être que la bonne ; elle est toute fondée sur la charité envers les hommes et l'espérance en leur Créateur. Il aimoit à opposer la conduite toujours sage et modeste de Vincent à l'audace et à l'humeur altière de Luther ; il comparoit les emportemens et les injures grossières de ce sectaire, à la patience et au zèle sans amertume du pieux missionnaire ; se rappelant les traits d'imposture de l'irascible et fougueux Augustin ; ses entretiens avec le diable, qu'il assuroit constamment lui être souvent apparu, et lui avoir prouvé que le sacrifice de la messe n'étoit qu'une idolâtrie, il rapprochoit ces diatribes absurdes des prédications toujours simples et touchantes du pasteur de Châtillon, et ce contraste de morale et de doctrine acheva sa conviction et celle de MM. Garron ses parens. Ceux-ci resistèrent plus long-temps : tout s'ébranla pour les retenir dans l'hérésie ; un simple prêtre triompha de ces efforts et ne dut cette victoire, ni aux déclamations, ni à l'intrigue, mais à une raison calme et éclairée.

Le premier acte qui signala cette conquête, fut la restitution que fit Beynier de deux ou trois métairies que personne ne lui redemandoit, mais dont l'acquisition faite par ses parens, qui n'avoient pas été très-scrupuleux, lui paroissoit suspecte. Vincent lui inspira sa vertu dominante, la charité. Les prosélytes que faisoit le sage pasteur devenoient les amis et les serviteurs des pauvres. Heureux prosélytisme qui tournoit au profit de l'humanité ! Beynier resta convaincu que le protestantisme ne doit sa naissance, comme on l'a prétendu, ni au progrès des lumières, ni aux connaissances répandues par la découverte de l'imprimerie, mais bien à l'orgueil, aux passions, à l'esprit de révolte et d'indépendance. Dans la crainte qu'on ne lui attribuât la gloire de ces conversions, Vincent ne voulut pas recevoir l'abjuration de ces calvinistes, quoique M. de Marquemont, archevêque de Lyon, lui en eût donné le pouvoir; il céda cet honneur à d'autres : content de la victoire, il n'en voulut pas les trophées, et il ne tint pas à lui qu'on ne crût dans le public qu'il étoit étranger à l'heureuse révolution qui s'étoit opérée dans son troupeau.

La paroisse de Châtillon, heureuse de posséder un si digne pasteur, se livroit à la joie et à l'espérance de le conserver long-temps, lorsque l'arrivée d'un gentilhomme de la maison de Gondi vint jeter l'alarme dans cette ville. C'étoit Dufresne, l'ami intime de Vincent, le même qui l'avoit fait entrer au service de la reine Marguerite, et que Vincent, par reconnoissance et par estime, avoit placé dans la maison de Gondi, en qualité de secrétaire du général des galères. Homme sage, habile, conciliant, il venoit tenter un dernier effort, pour la réussite d'un projet qu'on n'avoit jamais abandonné, le retour du pasteur de Châtillon dans la maison de Gondi. Le choix du député annonçoit l'importance qu'on attachoit au succès de sa mission. Il étoit porteur d'un grand nombre de lettres de M. et madame de Gondi, de leurs enfans, du cardinal de Retz, évêque de Paris, frère du comte. On n'avoit pas surtout oublié d'en avoir de M. de Bérulle.

Vincent fut vivement ému en embrassant son ami ; pour calmer son émotion, il se rendit à l'église, où il se mit en prière, demandant à Dieu, selon sa coutume, de lui faire connoître sa volonté. Dufresne ne perdit pas un instant à remplir sa mission. Il fit d'abord parler l'amitié et la reconnoissance; il exposa ensuite des raisons si fortes et si puissantes qu'elles ébranlèrent, si elles ne décidèrent pas entièrement, le modeste pasteur : « Ne vous en rapportez, lui dit-il, ni à vous, ni à moi. Consultez des personnes sages et désintéressées; demandez-leur si vous ne pouvez pas rendre à la religion et à vos semblables de plus grands services dans la maison de Gondi qu'à Châtillon; songez au sort de tous les galériens de France que vous pouvez soulager; songez que vous pouvez les ramener à Dieu et les rendre à la société qui les a rejetés de son sein! nous travaillerons ensemble à cette grande œuvre que, vous seul pouvez exécuter par la confiance que vous accorde le général des galères; vous le suivrez à Marseille, vous pénétrerez dans les cachots, et avec vous l'espérance et la religion. Je vous le répète, faites comme St. Paul : il consulta Ananie; consultez les hommes qui ont toujours eu votre attachement et votre estime. »

Vincent y consentit, et les deux amis partirent pour Lyon. Ils s'adressèrent au père Bence, supérieur de l'Oratoire, qui, après de mûres réflexions, conseilla de quitter Châtillon. D'après ce conseil, Vincent répondit à M. de Gondi à Marseille, qu'il espéroit faire dans deux mois un voyage à Paris, où l'on verroit ce que Dieu ordonneroit de lui. Il écrivit dans les mêmes termes à Paris par M. Dufresne, qui continua sa route vers cette capitale.

Vincent revint à Châtillon, mais ce retour ne dissipa que faiblement les inquiétudes de ses paroissiens; ils s'attendoient tous au malheur qui les menaçoit. D'ailleurs leur pasteur, incapable de dissimulation, leur fit connoître l'objet du voyage de Dufresne, et la réponse qu'il avoit faite à ses dernières propositions. Il les assura, dans une exhortation qu'il fit à ce sujet, que, lorsque la Providence l'avoit conduit à Châtillon, il avoit cru ne les quitter jamais, mais que, puisqu'elle en avoit ordonné autrement, c'étoit à eux, comme à lui, à se soumettre à ses décisions. Il leur promit de se donner un successeur qui les aimeroit autant qu'il les aimoit, et qui auroit un titre de plus que lui à leur confiance, celui de leur concitoyen; il se recommanda à leurs prières et répéta plusieurs fois qu'il en avoit besoin. A ces mots, l'église retentit de pleurs et de sanglots, des cris lugubres se firent même entendre; on le pleuroit comme un père et un bienfaiteur. Les protestans même partagèrent la douleur commune; et plusieurs, rendant justice à ses talens et à ses vertus, disoient aux catholiques: *Vous perdez le soutien et la meilleure pierre de votre religion.*

La lettre suivante qu'il reçut de M. de Gondi, fixa définitivement le jour de son départ.: « J'ai reçu depuis deux jours celle que vous m'avez écrite de Lyon, où je vois la résolution que vous avez prise de faire un petit voyage à Paris sur la fin de novembre, dont je me réjouis extrêmement, espérant de vous y voir en ce temps-là, et que vous accorderez à mes prières et aux conseils de tous vos bons amis le bien que je désire de vous. Je ne vous en dirai pas davantage, puisque vous avez lu la lettre que j'écris à ma femme! Je vous prie seulement de considérer qu'il semble que Dieu veut que, par votre moyen, le père et les enfans soient gens de bien. »

Les dernières dispositions que Vincent fit pour son voyage furent de nouveaux traits de bienfaisance. Il distribua aux indigens ses petites provisions, *ses habits, son linge même ;* mais les riches disputèrent aux pauvres ces précieuses dépouilles; car, comme déjà il passoit universellement pour un saint, chacun s'empressa d'avoir quelque chose qui lui eût appartenu; et un pauvre nommé Julien Caron, à qui il avoit donné un chapeau, eut toutes les peines du monde à le sauver des mains de la multitude. Le jour de son départ, la douleur et le trouble recommencèrent. Toute la ville le suivit en criant *miséricorde,* comme si elle alloit être prise d'assaut. Vincent, les larmes aux yeux, donna pour la dernière fois sa bénédiction à ce troupeau désolé. Le premier service qu'il lui rendit après l'avoir quitté, fut de lui procurer pour pasteur le prêtre qu'il avoit associé à ses travaux, en venant à Châtillon, Louis Girard, dont il connoissoit tout le mérite et qu'il avoit pénétré de tout son esprit.

Tout ce que nous avons dit du séjour de

Vincent à Châtillon est tiré de deux procès-verbaux dressés dans cette ville, environ quatre ans après sa mort, par Charles Demia, docteur en droit, qui fut chargé de recueillir les dépositions des principaux et plus anciens habitans qui avoient vu et connu Vincent ; le second finit par ces paroles : « Enfin les soussignés disent qu'il » seroit impossible de marquer tout ce qui a été » fait en si peu de temps par M. Vincent, et qu'ils » auroient même de la peine à le croire, s'ils ne » l'avoient vu et entendu. Ils en ont une si haute » estime, qu'ils n'en parlent que comme d'un saint. » Ils croient que ce qu'il a fait à Châtillon seroit » suffisant pour le faire canoniser, et ils ne dou- » tent point que s'il s'est partout comporté comme » il l'a fait en ce lieu, il ne le soit effectivement. »

Le premier jour de l'arrivée de Vincent à Paris, il eut une entrevue avec M. de Bérulle, qui l'avoit rappelé de Châtillon, et qui depuis long-temps étoit en possession de diriger sa conduite. Il fut arrêté qu'il entreroit dans la maison de Gondi, mais qu'il n'auroit qu'une inspection générale sur les fils du comte ; il fit enfin sa rentrée la veille de Noël de la même année 1617. Avec quelle joie universelle il fut reçu ! La pieuse comtesse qui avoit le plus souffert de son absence, se réjouit plus que personne de son retour. Elle l'accueillit comme un ange que Dieu lui renvoyoit, lui fit promettre qu'il ne l'abandonneroit plus et qu'il l'assisteroit jusqu'à sa mort.

Il n'étoit que depuis quelque temps à Paris,

lorsqu'il reçut des nouvelles affligeantes de Châtillon : cette ville étoit en proie à la famine. Il apprit en même temps que la confrérie de la Charité y rendoit tous les services qui pouvoient adoucir ce fléau. Ah! combien il dut se féliciter alors de cette création prévoyante et efficace! En effet, les deux dames de la Charité, ses premières élèves, mesdames de la Chassaigne et de Brunant employoient tous les moyens réparateurs, toutes les ressources que ses exemples et ses conseils leur avoient appris à pratiquer dans les grandes calamités, de concert avec Beynier, cet autre élève de Vincent. Elles louèrent un grenier commun, où elles déposèrent tout leur blé et celui qu'elles purent ramasser dans une quête générale. Les distributions qu'elles en firent aux indigens, tous les secours qu'elles leur prodiguèrent, les arrachèrent au désespoir et à une mort certaine. On voyoit arriver en foule à ce grenier des femmes mourantes, des vieillards, des enfans exténués qui, en recevant le pain qu'ils ne pouvoient trouver que là, bénissoient le pasteur qui, quoique loin d'eux, pourvoyoit à leur nourriture par l'héritage céleste qu'il leur avoit laissé.

La famine commençoit à céder à une influence si bienfaisante, lorsqu'une épidémie cruelle lui succéda. Ses ravages devoient être d'autant plus terribles que toutes les forces, tous les courages étoient abattus et épuisés par le premier fléau. Les riches qui avoient été épargnés par la famine, pâlissoient devant une mort prochaine que tout leur or ne pouvoit pas même éloigner. Ils s'enfuirent dans les montagnes, loin de la contagion, abandonnant leurs proches, leurs amis, leurs propres enfans. Nos deux héroïnes restèrent seules, calmes et résignées. Tous les sentimens d'humanité dont leurs concitoyens s'étoient dépouillés étoient passés dans leurs âmes. Loin de se retirer dans leurs maisons de campagne, elles firent dresser des cabanes près de la ville, s'y logèrent pour être plus près des malheureux. Là, elles préparoient des vivres pour les pauvres, des remèdes pour les malades. On les voyoit tous les jours dans les chaumières, s'exposant à la contagion pour en délivrer ceux qui en étoient atteints. En vain on les conjuroit, les larmes aux yeux, de ménager leur existence si précieuse à leurs concitoyens; elles bravoient les alarmes de leurs familles et de leurs amis, comme les dangers qui les entouroient de toutes parts. Jour et nuit elles veilloient à la sépulture des morts, au traitement des pestiférés et à la conservation des habitans qui n'étoient encore que menacés.

Châtillon leur dut deux fois son salut dans la même année, car la peste et la famine s'éteignirent plutôt que leur charité.

CHAPITRE V.

Missions dans les diocèses de Beauvais, de Soissons et d'Orléans. — Vincent visite les galériens et améliore leur sort. — Vincent est nommé aumônier général des galères de France. — Voyage à Marseille. — Il prend la place d'un galérien.

Rassuré sur son troupeau de Châtillon, Vincent se livra tout entier à ses deux occupations les plus chéres, l'instruction et le soulagement des pauvres habitans des campagnes. Il commença une mission à Villepreux avec des prêtres d'un grand mérite, et qui occupoient des places distinguées. Pour joindre les secours temporels aux spirituels, il établit à Villepreux la confrérie de la Charité, sous les auspices de l'évêque de Paris, qui en avoit approuvé le réglement. La comtesse de Gondi dota ce pieux établissement fondé dans une de ses terres. C'est elle qui secondoit par sa charité toutes les entreprises des missionnaires. Pendant que Vincent et ses collégues annonçoient l'Evangile, et opéroient des conversions, elle faisoit de son côté une mission non moins utile ni moins touchante; elle parcouroit les chaumières, consoloit les affligés, terminoit ou prévenoit les dissensions des familles, et répandoit généreusement les aumônes et les bienfaits. Cette heureuse coopération rendit plus faciles et plus fructueux les travaux des missionnaires qui, de Villepreux, se rendirent dans les diocèses de Beauvais, de Soissons et d'Orléans, où ils firent d'abondantes moissons.

Mais c'est dans la ville de Montmirel, où madame de Gondi résidoit souvent avec sa famille, que leurs paisibles conquêtes furent plus difficiles et plus glorieuses. De trois calvinistes qui habitoient cette ville, deux abjurèrent; le troisième, quoique ayant assisté à toutes les conférences où Vincent proposoit les dogmes de l'Évangile dans toute leur simplicité, ne voulut pas suivre leur exemple; mais, l'année suivante, la mission ayant recommencé, ce même calviniste, après avoir assisté exactement à toutes les prédications et aux catéchismes, fut tellement touché de tous les actes de charité dont il fut témoin, qu'il vint trouver Vincent, et lui dit : « C'est maintenant » que je vois que le Saint-Esprit conduit l'Eglise » romaine, puisqu'on prend soin du salut et de » l'instruction des pauvres villageois : je suis prêt » à y entrer quand il vous plaira de m'y rece- » voir.

Vincent lui ayant demandé s'il ne lui restoit plus ni difficultés ni doutes : non, répondit-il, je crois tout ce que vous m'avez dit, et je suis disposé à renoncer publiquement à l'erreur. Non content d'une réponse si ferme et si précise, il l'interrogea sur quelques articles les plus controversés; il fut si satisfait de toutes ses réponses, qu'il fixa au dimanche suivant le jour de l'absolution publique. C'étoit dans l'église du village de Marchais, près Montmirel, où se trouvoient les missionnaires, que la cérémonie devoit avoir lieu. Un grand concours de fidèles y étoient accourus ; tout étoit heureusement disposé, lorsqu'un incident fit remettre la fête.

Vincent, ayant demandé au catéchumène s'il persistoit à vouloir entrer dans le sein de l'Eglise catholique et romaine, il répondit qu'il persistoit, mais qu'il avoit encore une difficulté, et qu'elle venoit de se former dans son esprit en regardant une statue de pierre assez mal sculptée qui représentoit la sainte Vierge : C'est ce que je ne saurois croire qu'il y ait quelque puissance en cette pierre (montrant la statue qui étoit vis-à-vis de lui). A quoi Vincent répondit, avec beaucoup de tranquillité, que l'Eglise n'enseignoit pas qu'il y eût aucune vertu dans ces images matérielles, si ce n'est quand il plaît à Dieu de la leur communiquer, comme il l'a fait autrefois à la verge de Moïse qui faisoit tant de miracles ; qu'au reste ce dogme de notre foi étoit si connu dans l'Eglise que les enfans le lui pouvoient expliquer. Il en appela alors un des mieux instruits, et lui ayant demandé ce que nous devions croire sur les saintes images, l'enfant répondit avec une simplicité touchante, qu'il étoit bon d'en avoir et de leur rendre l'honneur qui leur est dû, non à cause de la matière dont elles sont faites, mais parce qu'elles nous représentent notre Seigneur Jesus-Christ, sa glorieuse Mère et les autres saints du paradis, qui, ayant triomphé du monde, nous exhortent, par ces figures muettes, à suivre leur foi et à imiter leurs bons exemples.

Cette réponse d'un enfant, digne disciple du pasteur qui lui avoit enseigné les premières vérités de la religion, acheva de dessiller les yeux du calviniste, qui déclara solennellement qu'il étoit prêt à rentrer dans la foi de ses pères; mais Vincent, toujours ennemi de toute précipitation, voulut encore différer de l'admettre dans la communion des vrais fidèles, et ce ne fut que quelque temps après qu'il reçut son abjuration, qui fut des plus sincères.

Ce n'étoit pas assez pour Vincent de se dévouer aux besoins de toute espèce des pauvres habitans des campagnes, il se consacroit également à ceux des villes. A peine de retour de ses missions, il occupoit tous ses momens à la visite des hôpitaux et des prisons. Il s'attachoit aux malheureux comme le père le plus tendre à ses propres enfans, leur rendant ainsi par lui-même ou par ses amis tous les services qui étoient en son pouvoir. Au chevet de leur lit, il étoit leur confident, leur consolateur; il devenoit leur avocat auprès de tous ceux qui, par leur fortune, pouvoient verser des secours dans les asiles du malheur. Ici une carrière plus vaste va s'ouvrir à toute l'ardeur de son zèle.

Les galériens, ces êtres repoussés et punis par leurs semblables, étant placés spécialement sous la surveillance de M. de Gondi, sembloient appartenir particulièremeut à Vincent et avoir plus de droits à sa sollicitude. La reconnoissance qu'il devoit à leur général vint encore ajouter à sa charité. Ces deux pieux sentimens, qui dans le commun des hommes produisent les bonnes actions, devoient chez lui enfanter des miracles. Il voulut savoir comment étoient traités les criminels qui, ayant été condamnés aux galères, restoient quelque temps à Paris avant d'être conduits à Marseille. A la faveur et sous la protection du nom de M. de Gondi, il se fit ouvrir les portes de la Conciergerie et des autres prisons. Il s'attendoit au spectacle de toutes les misères, de toutes les dégradations humaines; mais le tableau qui s'offrit à ses yeux fut mille fois plus horrible que celui qu'il s'étoit représenté. La réalité surpassa l'imagination de l'homme qui avoit vu et touché de plus près les plaies de la société; il vit, dit son premier historien, le sage Abely, il vit des malheureux renfermés dans des cachots obscurs et profonds, mangés de vermines, exténués de langueur, et entièrement négligés pour le corps et pour l'âme. Révolté de l'horrible traitement qu'on faisoit subir à des hommes, à des chrétiens, il vola auprès de M. de Gondi pour lui faire la peinture de ce qu'il avoit vu.

« Ces pauvres gens, lui dit-il, vous appartiennent; s'ils ne sont pas vos enfans, ils sont au moins vos frères ! vous en devez compte à Dieu et aux hommes; je sais bien que le remède à un si grand mal coûtera beaucoup, et demandera de grands efforts de zèle et de prudence; mais les difficultés ne doivent point arrêter quand il s'agit de la gloire de Dieu et du soulagement des affligés. En attendant qu'on conduise ces malheureux aux ports de mer qui leur sont destinés, ils ne peuvent rester sans secours et sans consolations ; j'ai un moyen de pourvoir à tous leurs besoins, et, si vous l'approuvez, il sera exécuté. Le général l'approuva, et il donna à Vincent tout pouvoir d'opérer le bien qu'il méditoit.

Le charitable prêtre ne différa pas un instant ; il loua à ses frais une maison au faubourg Saint-Honoré, près l'église Saint-Roch, la fit disposer avec une diligence extrême, et il y reçut tous les forçats dispersés dans les différentes prisons de Paris. Qu'on juge de l'influence qu'exerçoient déjà sa réputation et sa vertu ! Il n'avoit aucun fonds pour faire face à cette énorme dépense, et cependant il créa et soutint cet établissement immense. Il fit un appel à la charité publique, et l'évêque de Paris le seconda parfaitement. Un mandement de ce prélat, du 1er juin de l'année 1618, enjoignit aux curés, aux vicaires, aux prédicateurs de toutes les paroisses de la capitale d'exhorter les peuples à se prêter à une si sainte et si grande entreprise : ainsi on retrouve toujours les pasteurs de l'Eglise catholique à la tête de toutes les créations qui intéressent l'humanité. Après avoir pourvu au logement, à la nourriture, au vêtement des forçats, on s'occupa des besoins de leurs âmes, qui étoient bien grands : mais la constance dans le bien triomphe de tous les obstacles.

Vincent visitoit tous les jours les galériens,

leur parloit de Dieu et de leurs devoirs envers lui, avec cette onction qui lui étoit naturelle. Il leur disoit que les peines auxquelles ils étoient condamnés pour leurs crimes pouvoient être méritoires auprès de leur Créateur, que la brièveté de la vie rendoit ces peines de courte durée, qu'il n'y avoit d'ailleurs de peines méritant ce nom que celles que, dans sa justice, Dieu infligeoit pour l'éternité. Ces discours, accompagnés de bons traitemens, firent une grande impression sur des hommes qui jusqu'alors avoient été si cruellement délaissés. La religion précédée de la charité, sa compagne inséparable, pénétra dans les prisons et produisit les doux fruits que la main seule de l'homme ne sauroit ni faire naître ni mûrir.

Les maladies contagieuses dont quelquefois les galériens étoient attaqués, et qu'ils avoient contractées dans les cachots infects d'où on les avoit tirés, loin d'effrayer et de rebuter Vincent, le rendoient plus assidu et plus empressé : il s'enfermoit alors avec eux pour leur rendre plus de services et veiller de plus près à tous leurs besoins. Lorsque des affaires indispensables l'appeloient dans les campagnes, il confioit le soin de sa maison à deux ecclésiastiques vertueux, MM. Belin et Portail, qui s'étoient associés à toutes ses bonnes œuvres et qui étoient toujours prêts à le suppléer. Ces deux prêtres logeoient dans l'hôpital des forçats, y célébroient la messe, chantant les louanges du Seigneur avec des hommes qui, jusqu'alors, n'avoient adressé au ciel que des imprécations. Vincent ne les laissoit seuls que le moins de temps qu'il pouvoit; il accouroit toujours à son hospice chéri, comme nous accourons en foule aux temples de la fortune et des plaisirs.

De si heureux changemens dans la conduite et le régime des galériens remplirent de surprise et de joie ceux qui en étoient témoins. On ne pouvoit concevoir comment un seul homme, sans fortune et sans emploi, pouvoit faire subsister un si grand nombre de malheureux, ni par quel heureux don du ciel il les avoit captivés, ni où il trouvoit assez de force et de temps pour suffire à des fonctions si variées et si pénibles. M. de Gondi, plus satisfait que surpris, parce qu'il savoit depuis long-temps tout ce que pouvoit son ami, résolut d'introduire dans toutes les galères de France l'ordre admirable que Vincent avoit établi dans celle de Paris. Il en parla à Louis XIII; et sur le rapport qu'il fit à ce prince de la haute capacité de Vincent, des succès prodigieux qu'il venoit d'obtenir, et de tout ce qu'on pouvoit attendre de son zèle, le pieux prêtre fut nommé par brevet, en date du 8 février 1619, aumônier général des galères de France.

Cet emploi fut suivi d'un autre qui, quoique plus modeste, demandoit des vertus différentes, mais non moins rares. Saint François de Sales étoit à Paris pour la seconde fois. Il avoit reçu de Louis XIII et de toute sa cour le même accueil que, quelques années auparavant, lui avoit fait Henri IV.

La sagesse, l'heureux caractère de l'évêque de Genève, ses manières simples et aimables lui concilioient tous les cœurs autant que sa piété douce et son ardente charité. Il connoissoit déjà Vincent de réputation.

Ces deux vénérables personnages, si dignes d'être comparés, se sentirent entraînés l'un vers l'autre en se voyant. Vincent fut frappé, à l'aspect de François, de respect et d'étonnement; il admiroit dans ses traits une sérénité, pleine à la fois de grâce et de majesté. L'extérieur de Vincent ne fit peut-être pas la même impression sur François; mais le prélat n'en conçut pas moins pour le vertueux prêtre la plus haute estime, dont il lui donna bientôt une preuve éclatante. Il agit efficacement auprès de Henri de Gondi, cardinal de Retz, évêque de Paris, pour engager, ou plutôt pour obliger Vincent à accepter la place de premier supérieur des religieuses de la Visitation, que Jeanne-Françoise Frémiot de Chantal venoit d'établir à Paris, rue Saint-Antoine. Il savoit que Vincent n'accepteroit pas cet emploi de confiance, si on ne lui en faisoit un devoir d'obéissance; en effet le prélat parla, et il fut obéi.

La liaison la plus intime s'établit entre deux hommes si dignes de se connoître et de s'aimer, et elle dura jusqu'à la mort de François, arrivée à Lyon le 28 décembre 1622, à la suite d'une attaque d'apoplexie. En observant de près l'évêque de Genève, qu'il vouloit prendre en tout pour modèle, Vincent remarqua que son affabilité, ses dehors gracieux et prévenans, avoient beaucoup contribué au succès de ses missions et de toutes les bonnes œuvres dont sa vie avoit été remplie. Il trouva que ces qualités attrayantes lui manquoient, que son air, naturellement grave, avoit quelque chose d'austère, que son penchant pour la solitude pouvoit rendre son commerce moins agréable, non au peuple avec lequel il savoit s'identifier, mais au grand monde, dans lequel il étoit souvent obligé de vivre, et qui veut que la vertu même ait des formes aimables.

Madame de Gondi s'affligeoit quelquefois de le voir sombre et mélancolique, d'autant plus qu'elle attribuoit le chagrin imprimé sur ses traits à quelque mécontentement qu'il avoit pu éprouver dans sa maison. Elle lui faisoit part de ses peines et de ses craintes, avec ces manières pleines de bonté qui étoient naturelles à cette dame. Toutefois, la douceur et la sérénité ne paroissoient pas dans tout leur éclat sur ce front qui auroit dû en être le siége. Pendant la retraite que Vincent fit cette année à Soissons, il s'examina sérieusement sur ce point; il connut combien il lui importoit d'acquérir toutes les qualités de son modèle. *Je m'adresserai à Notre-Seigneur*, dit-il en lui-même, *je le prierai instamment de changer cette humeur sèche et rebutante et de me donner un esprit doux et bénin.*

Le ciel exauça cette prière : la victoire que le vénérable prêtre remporta sur lui fut telle que sa douceur et son affabilité passèrent en proverbe.

et qu'on a dit de lui ce qu'il disoit lui-même de saint François de Sales, qu'il étoit difficile de trouver un homme dont la vertu s'annonçât sous des traits plus aimables. De Soissons, où ses prières et ses efforts sur lui-même lui obtinrent un avantage si précieux, il se rendit à Joigny, où il établit une confrérie d'hommes pour le soulagement des pauvres valides, comme il y en avoit déjà établi une de femmes, pour le service des malades.

Pour répondre à la confiance dont Louis XIII l'avoit honoré, Vincent voulut aller tenter, dans les galères de Marseille, le bien qu'il avoit si heureusement opéré dans les prisons de Paris. Dans ce dessein, aussi généreux que de difficile exécution, il partit seul pour la Provence. Arrivé à Marseille, il y garda le plus parfait *incognito*, tant pour éviter les honneurs qui lui auroient été rendus en sa qualité d'aumônier général, que pour observer à loisir et à l'abri de toute prévention le malheureux état des forçats. A la faveur de cet *incognito*, il offrit à ses contemporains et à la postérité un trait sublime d'humanité.

Dans ses visites aux galères, il remarqua un forçat à sa douleur et à son désespoir, pleurant nuit et jour sa femme et ses enfans, qu'il avoit laissés dans la misère et sans appui. Ce malheureux avoit été condamné à trois ans de captivité, pour avoir fait la contrebande. Vincent lui prodigua en vain des soins et des consolations; il le voyoit près de succomber, lorsque, entraîné par un mouvement de charité divine, il proposa à l'officier chargé de la garde des chiourmes, de lui permettre de prendre la place de ce pauvre homme. L'échange fut accepté. Le forçat fut délivré, rendu à sa famille chérie, et Vincent fut chargé de ses fers.

Il n'auroit pas été découvert pendant tout le temps que devoit durer la captivité du contrebandier, si madame de Gondi, inquiète de ne pas recevoir de ses nouvelles, n'eût fait faire des recherches auxquelles il ne put échapper. Il fut délivré à son tour, au bout de quelques semaines. « Mais ses pieds, dit l'abbé Maury dans ses *Principes d'Eloquence*, restèrent enflés, pendant toute sa vie, des fers honorables qu'il avoit portés. » Nous citons d'autant plus volontiers cet orateur célèbre à l'appui d'un fait si étonnant, qu'un autre orateur, non moins illustre, l'a rejeté comme lui paroissant impossible : nous osons être d'un sentiment contraire ; et nous ne craignons pas de faire entrer ce trait dans l'Histoire de Vincent, comme ayant toute l'authenticité historique. Outre qu'il est attesté par le sage Abely, contemporain et fidèle historien de Vincent ; par Collet, qui a recueilli les traditions de MM. de Saint-Lazare, il est confirmé par Vincent lui-même, qui, pressé par un de ses prêtres de lui dire s'il étoit vrai qu'il se fût mis autrefois à la place d'un forçat, et si l'enflure de ses jambes venoit de la chaîne dont il avoit été chargé, détourna le discours en souriant, sans donner aucune réponse à ses demandes.

« Ce silence, dit Collet, paroîtra une démons

tration à quiconque pensera sérieusement jusqu'où notre Saint portoit l'humilité, et combien il étoit éloigné de permettre qu'on lui fît honneur du bien qu'il n'avoit pas fait, lui qui écartoit avec des précautions infinies le souvenir et l'idée de celui qu'il n'avoit pu dérober aux yeux des hommes. À ce témoignage tacite, mais irrécusable de Vincent, nous ajouterons celui des prêtres de la Mission, qui furent établis à Marseille vingt ans après cette événement. Leur supérieur assura que cette action extraordinaire étoit si connue dans Marseille que plusieurs personnes dignes de foi la lui ont racontée. Ce n'est pas tant la conduite de Vincent qui étonne, que celle de l'officier qui consentit à l'échange ; mais cet officier pouvoit être aussi ému de compassion pour le forçat, qui n'étoit ni un voleur ni un assassin, mais un malheureux père de famille, condamné pour avoir fait la contrebande; mais Vincent s'étoit fait connoître à lui en sa qualité d'aumônier général des galères, et l'officier avoit cédé autant à son autorité qu'à ses larmes. »

D'après cette unanimité de témoignages et de circonstances, nous aimons à croire qu'on nous saura gré d'avoir conservé une des plus belles pages de la Vie de Vincent.

CHAPITRE VI.

Retour de Vincent à Paris. — Sa conduite à Mâcon. — Mission sur les galères de Bordeaux. — Vincent visite sa famille. — Fondation de la congrégation des prêtres de la mission. — Mort de Mme. de Gondi.

Libre de ses chaînes, Vincent se livra avec une nouvelle ardeur à l'amélioration du sort des forçats. Il avoit senti tout le poids de leurs fers ; il fit tout ce qu'il put pour l'alléger. Les galères, ces prisons flottantes, lui avoient d'abord offert le spectacle de l'enfer ; c'étoient les mêmes cris du désespoir et de la fureur, les mêmes imprécations, les mêmes blasphèmes contre la justice divine et humaine : tout ce spectacle d'horreur l'émut encore plus qu'il ne l'effraya. Il alloit de rang en rang, écoutant les justes plaintes, y faisant droit autant qu'il étoit en lui ; il baisoit les chaînes de ces malheureux, joignoit d'abondantes aumônes aux exhortations. Il parloit aux officiers, les engageoit à des traitemens plus humains. Peu à peu les passions atroces se calmèrent, les murmures mêmes s'apaisèrent ; les gardes des chiourmes s'adoucirent ; les aumôniers ordinaires purent parler de Dieu et se faire écouter ; le présage de M. Dufresne s'accomplit ; la religion et l'humanité pénétrèrent dans les galères.

Les troubles dont la France étoit alors agitée interrompirent des travaux si paisibles et si heureux. Louis XIII assiégeoit en personne Montauban, où toutes les forces des calvinistes étoient rassemblées. Ce théâtre de la guerre, si voisin de Marseille, fit ordonner un mouvement général dans les galères, qui alors n'avoient pas de séjour fixe. Le comte de Gondi quitta la Provence, et Vincent fut obligé de retourner à Paris. Il s'y rendoit à grandes journées, lorsqu'un nouveau service à rendre à ses semblables, l'arrêta pendant trois semaines à Mâcon.

En traversant cette ville, il se vit entouré d'une foule de mendians de tout âge et de tout sexe, auxquels il fit l'aumône. Les ayant interrogés selon sa coutume sur les mystères de la foi, il jugea à leurs réponses, et aux rapports des habitans, qu'ils ignoroient les premiers principes de la religion, et qu'ils vivoient entre eux dans un libertinage et des vices qui faisoient horreur. Comme autrefois le bon Samaritain, il descendit de cheval pour venir au secours de ces voyageurs égarés et blessés dans leur route. Il conçut le dessein d'introduire l'ordre et la discipline parmi ces bandes séditieuses, et de les ramener au travail et à la société dont elles étoient le fléau. On regarda son projet comme une chimère. *Chacun se moquoit de moi*, dit Vincent lui-même dans une de ses lettres, *on me montroit au doigt lorsque j'allois par les rues, et personne ne crut que je pusse réussir.* On fût bientôt détrompé. De concert avec les magistrats et l'évêque de Mâcon. le sage et vertueux prêtre fit un règlement, d'après lequel tous ces mendians furent partagés en plusieurs classes : il établit ensuite sous le nom de la confrérie de Saint-Charles-Boromée, deux associations : l'une d'hommes, l'autre de femmes. Dans cette double confrérie, chacun avoit son emploi : les uns avoient soin des malades, les autres de ceux qui ne l'étoient pas, ceux-ci étoient chargés des pauvres de la ville, ceux-là des étrangers.

L'exécution de ce plan, aussi sage que simple, changea en très-peu de temps la face de Mâcon. Les citoyens paisibles furent en sûreté; les fidèles ne furent plus interrompus dans leurs prières. Les mendians, rassemblées à des heures réglées pour recevoir des habits et des alimens, furent ramenés à une vie chrétienne, et pourvurent insensiblement par le travail à leur subsistance. Il nous reste un monument de ce bel ouvrage, que nous a transmis le père Desmoulins, supérieur des prêtres de l'Oratoire de Mâcon. Nous allons rapporter les propres paroles de ce témoin oculaire :

« Le règlement, dit-il, dressé par Vincent, portoit qu'on feroit un catalogue de tous les pauvres de la ville et de ceux qui s'y voudroient arrêter; qu'à ceux-là on donneroit l'aumône certains jours, et que si on les trouvoit mendier dans les églises ou par les maisons, ils seroient punis de quelque peine, avec défense de leur rien donner; que les passans seroient logés pour une nuit, et renvoyés le lendemain avec **deux** sous; que les pauvres honteux seroient assistés en leurs maladies, et pourvus d'alimens et de remèdes convenables, comme dans les autres lieux où la charité étoit établie. Cet ordre commença sans qu'il y eût aucun denier commun; mais M. Vincent sut si bien ménager les grands et les petits, qu'un chacun se porta volontairement à contribuer à une si bonne œuvre, les uns en argent, les autres en blé ou en d'autres denrées, selon leur pouvoir; de sorte que près de trois cents pauvres étoient logés, nourris et entretenus fort raisonnablement. M. Vincent donna la première aumône et puis se retira. »

Le service que rendit Vincent à Mâcon le fit regarder comme un homme extraordinaire. Les échevins et tout ce qu'il y avoit de notable dans cette ville vinrent le féliciter. Les démonstrations de la reconnoissance publique furent portées si loin que, pour s'y dérober, il se crut obligé de partir au plus tôt, et sans dire adieu. Il n'y eut que les prêtres de l'Oratoire, chez lesquels il logeoit, qui furent informés de son départ. C'est à cette occasion qu'étant entrés dans sa chambre, ils s'aperçurent qu'il avoit ôté les matelas de son lit et qu'il couchoit sur la paille. Quelque soin qu'il prît de cacher cette mortification et tant d'autres encore plus rudes, on a su qu'il les avoit pratiquées jusqu'à sa mort, pendant plus de cinquante ans. La confrérie de Saint-Charles-Boromée, dont il venoit d'enrichir Mâcon, parut depuis à l'assemblée du clergé, tenue à Pontoise en 1670, une association si belle et si avantageuse, que par délibération du 19 novembre 1675, elle exhorta tous les évêques du royaume à l'établir dans leurs diocèses.

A peine Vincent eut-il terminé les affaires qui l'avoient appelé à Paris, qu'il voulut aller continuer sur les galères de Bordeaux les améliorations de tout genre qu'il avoit obtenues sur celles de Marseille. Il partit pour cette capitale de la Guyenne, dans le dessein d'y faire une grande mission : il vouloit opposer à l'erreur et à la révolte, dont cette province étoit le théâtre, des barrières paisibles, mais souvent plus fortes que leur audace. L'entreprise étoit immense et périlleuse ; il trouva heureusement un archevêque, le cardinal de Sourdis, bien disposé à le seconder. Ce prélat, dont la piété étoit si éclairée, le zèle pour le rétablissement de la discipline ecclésiastique si pur, si ardent, la charité pour les pauvres si intarissable, étoit vénéré dans son diocèse comme un autre Charles Boromée : il accueillit Vincent avec toute la faveur et l'intérêt que méritoient une piété si tendre et un dévouement si généreux.

Il lui permit de choisir dans les divers couvens de la ville vingt collaborateurs distingués par leurs lumières et par leur zèle. Il les distribua deux à deux dans chaque galère, tandis que lui tout à la fois à l'autel, à la chaire évangelique, au tribunal de pénitence, animoit tout de son courage et de son onction pénétrante. Les galères, dont le nom seul attristoit et affligeoit l'humanité, furent converties en temples, où les louanges du Seigneur et la voix du repentir se faisoient entendre pour la première fois. Le succès de cette mission fut prodigieux; outre le grand nombre de galériens qui, convertis et soulagés, apprirent à supporter avec patience les peines auxquelles ils avoient été condamnés, un mahométan abjura l'alcoran. Cet homme, qui fut nommé Louis à son baptême, s'attacha à son libérateur comme le fils au meilleur des pères. Il le suivoit partout comme son ami et son guide. Long-temps après la mort de Vincent, il disoit, les larmes aux yeux, qu'il avoit perdu celui qui faisoit son bonheur sur la terre, mais qu'il espéroit lui devoir encore le bonheur plus grand, celui dont il espéroit jouir un jour dans le ciel. Nous aurons à remarquer plus d'une fois dans cette histoire l'attrait puissant qu'inspiroit aux malheureux la personne de Vincent, et la reconnoissance qu'ils conservoient pour ses bienfaits.

A Bordeaux, Vincent se trouvoit trop près du pays de sa naissance et de sa famille pour ne pas les visiter. Les historiens rapportent cependant que ce ne fut que d'après les instances de ses amis qu'il fit ce court voyage. Il descendit chez le curé de Pouy, Dominique Dufint, son parent et son ami. Ce presbytère, qui avoit été l'asile de son enfance et sa première école, méritoit bien sa première visite. Sa famille, le croyant puissant et riche, s'attendoit à de nombreuses libéralités; mais il lui déclara qu'il étoit aussi pauvre que lorsqu'il étoit sorti du hameau paternel; qu'il n'étoit que le dépositaire des aumônes que la confiance plaçoit dans ses mains. Les travaux des champs, dit-il à ses frères, doivent suffire à tous vos besoins, comme ils ont suffi à ceux de nos pères. Attachez-vous de plus en plus à votre modeste condition. Le repos et le bonheur de ce monde ne sont que là. Croyez-en bien un frère qui vous aime véritablement, et qui a déjà vu de près ce qu'on appelle grandeurs et félicités de la terre.

Il renouvela dans l'église paroissiale les promesses de son baptême, auxquelles il avoit été si fidèle. Le jour de son départ, il se rendit en procession, suivi de sa famille et de toute la population, à la chapelle de Notre-Dame-de-Buglose, située à une lieue et demie de là; l'image de la sainte Vierge, ensevelie cinquante ans auparavant, dans un marais par des âmes pieuses, pour la dérober aux insultes des protestans, venoit d'y être récemment trouvée par un berger. Vincent y célébra une messe solennelle qui fut suivie d'une exhortation, où sa tendre piété dut être bien inspirée par le tableau de ses proches et des amis de son enfance, réunis à sa voix dans ce champêtre sanctuaire (1).

---

(1) Des voyageurs dignes de foi s'étant rendus dernièrement à ce pélerinage, qui attire toujours un grand concours de fidèles, nous ont rapporté qu'une ancienne tradition veut que les chênes que l'on voit à l'entour aient été plantés par Vincent; aussi sont-ils généralement respectés. On en ramasse avec soin les glands, qui

Après avoir religieusement parcouru les lieux qui l'avoient vu naître, il donna un repas frugal à toute sa famille, lui fit des adieux qui devoient être éternels, et la conjura de ne sortir jamais de l'état de paix et de simplicité où le Ciel l'avoit placée. Vivre obscur et ignoré est toujours ce qu'il a demandé à Dieu pour lui et les siens. Ses vœux ont été accomplis; ses frères et leurs descendans n'ont point quitté le toit paternel, et cultivent de leurs mains leur modeste héritage. Leur conduite est d'autant plus louable qu'ils auroient pu être tentés de prendre un autre essor, et que plusieurs de leurs parens, du côté maternel, exerçoient, du vivant même de Vincent, les fonctions d'avocats au parlement de Bordeaux. Pour se maintenir dans l'état de cultivateurs, ils disent encore aujourd'hui que le Saint a donné sa malédiction à ceux d'entre eux qui abandonneroient les champs et les travaux de leurs ancêtres. Heureuse tradition qui, pour le bien de la société comme des individus, devroit exister dans bien des familles !

Le départ de Vincent et sa séparation d'avec sa famille l'affligèrent profondément. « Le jour que je partis, dit-il plus tard dans une conférence sur le détachement des affections des biens de la terre, le jour que je partis, j'eus tant de

---

sont toujours confiés à la terre pour reproduire et multiplier une espèce à laquelle on attache un grand prix. Ainsi les chênes de St. Vincent et les ormeaux de Sully obtiennent les mêmes hommages de la postérité.

douleur de quitter mes parens que je ne fis que pleurer tout le long du chemin, et pleurer sans cesse. » Pour adoucir ses regrets et donner à ses compatriotes une preuve du vif intérêt qu'il leur portoit, le charitable prêtre chargea, quelque temps après son retour à Paris, plusieurs vertueux ecclésiastiques de faire une mission à Pouy et dans les environs.

Il en commença une lui-même avec d'autres ouvriers apostoliques du diocèse de Chartres, dans plusieurs villages, où il répandit les semences de l'Évangile, qui produisirent les fruits les plus abondans. Le succès et l'utilité de ces missions engagèrent madame de Gondi à exécuter le projet qu'elle avoit formé depuis long-temps, de les perpétuer par une fondation. De concert avec le comte son époux, elle assigna d'abord un fond de 16000 francs en faveur d'une communauté, à condition de faire de cinq en cinq ans des missions dans ses terres. Vincent, chargé par eux de proposer cette dotation, s'adressa aux Jésuites et aux Oratoriens qui la refusèrent, alléguant le petit nombre de leurs sujets et la multitude de leurs engagemens. L'acte de donation portoit que la fondation s'exécuteroit sous la direction de Vincent : la comtesse laissoit tout à sa disposition.

Plusieurs années s'étant écoulées sans qu'aucune communauté se présentât pour accepter la fondation, madame de Gondi pensa avec raison qu'il n'y avoit que Vincent qui pût l'acquitter, et qu'il valoit seul une communauté tout entière. Comme elle le voyoit tous les ans s'associer, pour les missions des campagnes, des docteurs, des prêtres qui s'attachoient à lui par le seul ascendant de ses vertus, elle avoit lieu d'espérer que de ces sociétés annuelles et passagères, on pourroit former une communauté perpétuelle, pourvu que l'on assurât aux prêtres qui la composeroient une maison où ils pussent se retirer. Le comte, jaloux d'être le fondateur de cet institut, accueillit avec chaleur ce nouveau projet, en fit part à l'archevêque de Paris, son frère, qui non-seulement l'approuva, mais céda à Vincent un vieux collége fondé vers le milieu du treizième siècle, sous le nom des *Bons-Enfans*, et auquel saint Louis avoit laissé, par son testament, soixante livres de rente, réduites depuis à dix-sept. Il n'y avoit plus dans ce collége qu'une chapelle extrêmement pauvre, quelques appartemens en mauvais état, et, dans le voisinage, quelques maisons qui tomboient en ruines.

Ce fut le 1er mars 1624 que Vincent fut nommé principal du collége des Bons-Enfans, et le 6 du même mois, Antoine Portail, un de ses premiers compagnons, en prit possession en son nom. L'acte de fondation, passé le 17 avril 1625, fait connoître le but de l'établissement; il porte en substance «que les fondateurs, voyant à regret que, tandis que les habitans des villes jouissent de tous les secours spirituels et temporels, les pauvres habitans des campagnes en sont totalement privés et sont comme abandonnés, il leur avoit semblé qu'on pourroit remédier à un si grand mal, en réunissant quelques ecclésiastiques d'une doctrine et d'une capacité reconnues, qui, renonçant à travailler dans les villes, et à posséder des dignités ou des bénéfices, s'appliqueroient *entièrement et purement à parcourir, aux dépens de leur bourse commune*, les bourgs et les villages, à prêcher, instruire, exhorter et catéchiser les pauvres gens.

Pour parvenir à cette fin, les fondateurs ont donné la somme de 40,000 francs, laquelle ils ont mise entre les mains de M. Vincent de Paul, prêtre du diocèse de Dax, aux clauses et charges suivantes : qu'il élira et choisira, dans un an, tel nombre d'ecclésiastiques que le revenu de la présente fondation pourra permettre; qu'il aura toute la direction de cette œuvre, tant par la confiance qu'il inspire que par l'expérience qu'il s'est acquise dans les missions, et les grandes bénédictions que Dieu a données à ses travaux; qu'il résidera toujours dans leur maison, pour continuer aux fondateurs, ainsi qu'à leur famille, l'assistance spirituelle qu'il leur donne depuis plusieurs années; que les prêtres qui s'associeront à lui, vivront en commun sous son obéissance, et sous le nom de Compagnie ou de Congrégation des Prêtres de la Mission; qu'ils ne pourront ni prêcher, ni administrer les sacremens, dans les villes où il y aura évêché ou archevêché, sinon en cas d'une notable nécessité, mais qu'ils s'appliqueront entièrement au soin du pauvre peuple de la campagne; que de plus ils seront obligés d'assister les pauvres forçats, œuvre que les fondateurs entendent être continuée à l'avenir à perpétuité.».

Quelque temps après que ce contrat de fondation eût été passé, Mme. de Gondi fut enlevée à sa famille et aux infortunés, dont elle avoit si bien mérité. Elle mourut à l'âge de quarante-deux ans, après une courte maladie, à laquelle ne put résister la foiblesse de sa complexion. Sa fin fut digne d'une si belle vie. Qu'on se peigne, si l'on peut, la douleur de Vincent, les soins et les dernières consolations qu'il donna à sa bienfaitrice ! tout ce qu'elle pouvoit attendre de lui dans ses derniers momens, fut accompli. La reconnoissance n'eut jamais rien de plus attentif ni de plus affectueux. La mémoire de cette dame, si bonne et si pieuse, ainsi que celle du comte son époux, sont liées à l'histoire de Vincent, qui leur assure l'immortalité. Comment se fait-il que la célébrité de leur nom s'attache plus aux erreurs politiques de leur fils, qu'aux monumens de leur piété? Les fautes laisseroient-elles des traces plus profondes sur la terre que les bonnes actions ?

Après avoir rendu les derniers devoirs à la comtesse, Vincent se rendit à Marseille pour porter cette triste nouvelle au général, qui étoit parti en toute hâte pour la Provence, où de nouveaux mouvemens de la part des rebelles avoient appelé sa présence. Il remplit cette pénible mission avec toute la sensibilité d'un véritable ami, qui possédoit au suprême degré le talent de consoler les affligés. Il pleura avec le comte tout en lui donnant des consolations plus chrétiennes et plus élevées : quoique Mme. de Gondi lui eût recommandé dans son testament de ne jamais abandonner son époux et ses enfans, il déclara au général qu'il se devoit tout entier à la congrégation des Prêtres de la Mission ; qu'elle réclamoit désormais sa présence, et qu'un plus long séjour dans une maison étrangère ne pourroit qu'arrêter les progrès du nouvel établissement. M. de Gondi comprit si bien que la retraite est indispensable à celui qui se consacre aux grands intérêts de la religion que, quelques mois après la mort de son épouse, lui-même, renonçant à toutes les dignités et grandeurs humaines, entra dans la congrégation de l'Oratoire, où il vécut pendant trente-cinq ans, dans l'exercice d'une profonde piété : heureuse retraite, si elle n'avoit pas été troublée par les égaremens, les intrigues, l'emprisonnement, et le long exil de son fils le coadjuteur!

CHAPITRE VII.

Premiers travaux des Missionnaires. — Retraites ecclésiastiques. — Hospitalité exercée par Vincent envers les jeunes ecclésiastiques. — Mme. Legras. — Mort de M. de Bérule. — Le Duc Mathieu de Montmorency.

Ayant ainsi quitté la maison de Gondi, Vincent se retira au collége des Bons-Enfans, la même année 1625. En entrant dans ce berceau de sa congrégation, il renonça pour toujours aux honneurs, aux dignités, à toutes les vaines espérances du siècle. Dans cet asile modeste, qui devoit renfermer tant de vertus et voir naître tant de saintes entreprises, il trouva son fidèle compagnon et son premier disciple, Antoine Portail, prêtre du diocèse d'Arles, qui, comme son maître, joignoit à beaucoup de savoir encore plus de modestie. Ils s'attachèrent un troisième collaborateur, qui les suivit de village en village, où ils instruisoient, catéchisoient les enfans et leurs pères, et faisoient tous les autres exercices de la mission. Six autres prêtres s'offrirent successivement à Vincent pour partager leurs travaux. Comme les premiers apôtres, ils faisoient à pied tous leurs voyages, un bâton à la main. Ne pouvant entretenir des serviteurs qui gardassent le collége pendant leur absence, ils en laissoient les clefs à quelques-uns des voisins.

C'est à cette époque que le cardinal de Richelieu arrivoit au ministère. Pendant qu'il saisissoit d'une main forte et habile les rênes de l'Etat, qu'il arrachoit à l'indécision et à la foiblesse, de pauvres prêtres, se lançant dans une autre carrière, alloient évangéliser les campagnes. « Nous » allions, disoit Vincent, vingt ans après, dans une » conférence faite à Saint-Lazare, nous allions » tout bonnement et simplement, à l'exemple du » fils de Dieu, évangéliser les pauvres dans les » lieux où nos seigneurs les évêques nous en- » voyoient; voilà ce que nous faisions, et Dieu » faisoit de son côté ce qu'il avoit prévu de toute » éternité. Il donna quelques bénédictions à nos » travaux; de bons ecclésiastiques qui en furent » témoins, se joignirent à nous en différens temps, » et demandèrent à nous être associés. C'étoit » par là que Dieu vouloit donner naissance à la » compagnie. O Sauveur! qui jamais eût pu croire » que cela fût venu en l'état où nous le voyons à » présent? Hé bien! appellerez-vous humain, ce » à quoi un homme n'avoit jamais pensé; car ni » moi, ni le pauvre M. Portail n'y pensions pas. » Nous en étions bien éloignés. »

Le nouvel institut ne tarda pas à recevoir le sceau de l'autorité. Approuvé par l'archevêque de Paris, il fut confirmé par lettres patentes du Roi, enregistrées au parlement. Une bulle du pape Urbain VIII l'érigea en congrégation sous le nom des Prêtres de la Mission. Pour justifier tant de confiance, Vincent partagea sa petite troupe en différens corps; et après leur avoir donné ses instructions toujours dictées par l'amour de Dieu et des hommes, il les envoyoit dans les provinces où il jugeoit leur présence le plus nécessaire. Non content de la direction générale, il se portoit lui-même aux endroits les plus difficiles. La province de Lyon, qui lui échut en partage, vit s'opérer des prodiges de charité et des conversions extraordinaires. Les mêmes succès furent obtenus par ses prêtres en d'autres lieux; on en jugera par la lettre suivante que lui écrivit, sur la fin de l'année 1627, un abbé fort célèbre. « J'arrive, lui disoit-il, d'un grand voyage que j'ai fait en quatre provinces. Je vous ai déjà mandé la bonne odeur que répand dans tous ces lieux l'institution de votre sainte compagnie, qui travaille pour l'instruction et pour l'édification des pauvres de la campagne. En vérité, je ne crois pas qu'il y ait rien dans l'Église de plus édifiant, ni plus digne de ceux qui portent le caractère et l'ordre de Jésus-Christ. Il faut prier Dieu qu'il affermisse un dessein si avantageux pour le bien des âmes, à qui bien peu de ceux qui sont dédiés au service de Dieu s'appliquent comme il faut. »

Cette lettre fut tout à la fois pour lui un sujet de joie et d'affliction; elle lui révéloit la plaie qu'avoient faite au clergé de France les guerres civiles et les ravages des protestans. On pouvoit bien ramener les brebis au bercail; mais, si elles n'y trouvoient pas les bons pasteurs qui devoient les y retenir, le succès eût-il été bien durable? Il falloit une réforme dans le clergé: Vincent osa l'entreprendre. Les circonstances politiques étoient devenues favorables à ce grand dessein qu'il méditoit depuis long-temps. Déjà Richelieu avoit déployé toutes les forces de son génie et de son caractère. Il venoit de foudroyer à la Rochelle l'esprit de révolte et d'indépendance. Les évêques de France, respirant enfin après tant de persécutions, demandoient vivement le rétablissement de la discipline ecclésiastique.

Augustin Pothier de Gèvres, évêque de Beauvais, commença cette réforme dans son diocèse. D'après les conseils de Vincent et ceux de son ami Adrien Bourdoise, que le zèle de la maison du Seigneur dévoroit, il fit de son palais un séminaire pour tous les ecclésiastiques qui se disposoient à recevoir les ordres sacrés: on leur apprenoit, dans des conférences suivies, tout ce qu'ils devoient savoir et enseigner. Vincent se rendit à Beauvais pour présider à tous ces exercices, dont il avoit préparé la matière; deux docteurs de Sorbonne partagèrent ses travaux. Il expliqua le Décalogue avec tant de clarté et d'onction, que plusieurs protestans, qui avoient voulu entrer en lice avec eux, furent éclairés, et abjurèrent. Deux ans après, l'archevêque de Paris, ayant appris de M. de Gèvres le grand bien que ces retraites avoient opéré dans son diocèse, obligea, par un mandement, les jeunes ecclésiastiques qui demandoient l'ordination, à faire une retraite de dix jours, non dans son palais, mais dans un asile plus modeste, au collège des Bons-Enfans.

Vincent les y reçut avec joie; mais, comme il n'avoit encore avec lui qu'un très-petit nombre de prêtres, et qu'ils étoient toujours occupés dans les campagnes, il appela d'utiles collaborateurs. M. Hallier, que ses vertus et son savoir portèrent dans la suite à l'évêché de Cavaillon, contribua le plus au succès de ces réunions, parce que, comme l'a remarqué M. Bourdoise, il ne prêchoit que ce qu'il pratiquoit lui-même. Les fruits salutaires que devoit produire le collége des Bons-Enfans ne se firent pas long-temps attendre. On distingua bientôt les clercs du diocèse de Paris, qui seuls étoient admis à la retraite, de ceux des autres diocèses qui n'avoient pas subi cette épreuve. Cette différence notable engagea plusieurs personnes zélées à proposer à Vincent de recevoir, sans distinction de diocèse, tous ceux qui aspireroient aux ordres. La présidente de Herse se chargea de ce surcroît de dépense pendant cinq ans. La marquise de Magnelais, sœur de l'archevêque de Paris, dont la charité étoit toujours active pour les bonnes œuvres, fournit aussi des ressources.

Anne d'Autriche, elle-même, après avoir entendu, dans une de ces conférences, François de Perrochel, digne élève de Vincent, sentit de quelle conséquence il étoit pour le clergé que l'on continuât à former ainsi les jeunes ecclésiastiques : cette princesse laissa entrevoir quelque dessein d'une dotation royale; mais cet utile projet ne fut point accompli; et le poids de cette énorme dépense, qui n'alloit à rien moins qu'à fournir chaque année, pendant deux mois, tout ce qui est nécessaire à plus de quatre-vingts ecclésiastiques, tomba bientôt tout entier sur la congrégation naissante des pauvres missionnaires. Loin de s'en effrayer et de penser à la réduire, Vincent l'augmenta encore en 1646, en admettant à la retraite tous ceux qui se disposoient à recevoir les ordres mineurs. L'intérêt temporel de sa congrégation n'étoit rien pour lui. Il ne voyoit que l'intérêt de l'Eglise, et les biens qui pouvoient en résulter pour elle.

Un ecclésiastique, qui assista long-temps aux retraites, nous a conservé le tableau fidèle de la touchante hospitalité qu'y exerçoit Vincent.

« Il n'est pas possible, dit-il, d'exprimer le soin qu'apportoit M. Vincent afin que les ordinands fussent bien servis pendant le temps des exercices. Leur dépense ne lui sembloit rien, quoiqu'elle excédât beaucoup les forces de la maison, qui ne pouvoit manquer d'être obérée pour ce sujet. Je me souviens que, pendant les troubles de Paris, quelques personnes considérables, qui connoissoient combien il étoit difficile que M. Vincent pût alors soutenir cette dépense des ordinands, lui voulurent persuader de n'en point charger sa maison durant un temps si fâcheux; mais il n'eut aucun égard à leurs remontrances, et voulut, nonobstant la disette d'argent et de vivres où l'on se trouvoit réduit, qu'on ne laissât pas de faire toutes les dépenses nécessaires pour recevoir les ordinands, et les nourrir en sa maison pendant les onze jours que duroient les exercices, ne faisant aucun cas du temporel lorsqu'il s'agissoit du spirituel, et n'estimant les biens périssables qu'autant qu'il les jugeoit utiles à l'avancement de la gloire de Dieu. Que ne disoit-il point à sa communauté touchant l'excellence du sacerdoce, toutes les fois que le temps de l'ordination approchoit, pour les exhorter à rendre service aux ordinands, et à employer toutes les forces de leurs corps et de leur esprit pour l'avancement de l'état ecclésiastique dans la vertu ? *Toutes ses paroles étoient comme autant de traits enflammés qui pénétroient jusqu'au fond du cœur. Elles méritoient toutes d'être bien remarquées et retenues, et même d'être mises par écrit ; et, si on ne l'a pas fait, on peut dire que c'est une perte incomparable.* »

C'est dans ces retraites que l'âme et le caractère de Vincent se montroient dans tout leur jour ; son éloquence simple et pathétique y trouvoit un champ vaste où elle pouvoit se déployer sans contrainte : il aimoit à traiter les sujets à fond, sans appareil oratoire, dans tout l'épanchement d'une assemblée de famille. Ennemi de ces discours pompeux où tout est sacrifié à l'éloquence et aux prétentions du style, où l'orateur ne s'occupe que des intérêts de sa gloire littéraire, il attribuoit tous les succès des conférences de l'évêque de Sarlat, oncle de notre illustre Fénelon, à son langage modeste et naturel, et il faisoit remarquer à ses prêtres que d'autres *qui avoient cru faire des merveilles en prêchant à la mode, avoient tout gâté.* C'est à cette école que se forma l'auteur de *Télémaque*. Long-temps simple missionnaire, il instruisit les peuples des campagnes avant d'instruire les petits-fils du grand Roi.

Les soins que Vincent donnoit à la réforme du clergé et à l'instruction des jeunes ecclésiastiques ne lui firent pas oublier d'autres intérêts qui lui étoient aussi chers, les intérêts des pauvres. Il avoit bien établi, dans toutes ses missions, les confréries de la Charité; il avoit ouvert, dans tous les endroits où il avoit pu, ce refuge à toutes les misères et à toutes les douleurs : mais ce n'étoit pas assez pour lui. Il falloit veiller à la conservation de ces établissemens, et ses prêtres et lui, étant toujours dans les campagnes, ne pouvoient exercer cette surveillance indispensable. Il appeloit de tous ses vœux une personne charitable, éclairée, qui pût parcourir successivement toutes les associations éparses en tant de lieux, rassembler les dames qui les composoient, les soutenir, les animer de ses conseils, les dresser de plus en plus au service des malades, et entretenir parmi elles le feu sacré qui avoit été le principe de leurs réunions. Sans ce secours, il étoit à craindre que tout ce qu'il avoit fait pour les pauvres ne fût que passager, et qu'ils ne retombassent bientôt dans le déplorable état d'où il les avoit tirés.

Ce vœu étoit trop pur et intéressoit trop l'humanité pour que le ciel ne l'exauçât pas. L'illustre madame Legras, qui, sans connoître l'instituteur des missions, étoit venue occuper une maison voisine du collége des Bons-Enfans, fut l'utile auxiliaire qu'il demandoit. Veuve d'Augustin Legras, secrétaire de la reine Marie de Médicis, Louise de Marillac étoit destinée à être la mère des infortunés. Visiter les pauvres dans leurs maladies les plus rebutantes, préparer et leur présenter des alimens, faire elle-même leurs lits avec plus de soin qu'une servante à gage, les consoler par ses dons et ses paroles pleines de douceur, les ensevelir après leur mort, tels étoient dès lors ses plus doux exercices. L'ami intime de saint François de Sales, Jean-Pierre Camus, évêque de Belley, avoit été long-temps son directeur; mais l'obligation de la résidence l'avoit forcé de remettre ce dépôt précieux à Vincent, qu'il avoit choisi lui-même. Dirigée par lui, la pieuse veuve prit un nouvel essor dans son ministère de charité. A son exemple elle voulut consacrer sa vie au service des pauvres, et coopérer de tous ses moyens à l'exécution des grands projets que le généreux prêtre formoit tous les jours pour le soulagement de l'humanité. Mais toujours en garde contre ce qui sentoit la précipitation, il voulut éprouver cette dame pendant quatre ans, et ce long noviciat ne servit qu'à l'affermir dans sa résolution.

Alors Vincent lui proposa d'entreprendre la visite de tous les lieux où il avoit établi des assemblées de charité. Pour la prémunir contre les dangers de ces voyages, il la faisoit toujours accompagner par des dames pieuses, quoique son plus puissant soutien fût le saint viatique, qu'elle recevoit avec ses compagnes le jour du départ. Loin de rechercher les commodités du voyage, elle choisissoit au contraire les voitures les plus communes, vivoit pauvrement et couchoit sur la dure, se refusant tout pour les pauvres qu'elle venoit soulager.

Madame Legras parcourut ainsi successivement les diocèses de Soissons, de Paris, de Beauvais, de Meaux, de Senlis, de Chartres et de Châlons en Champagne. A son arrivée dans un village, après une visite au pasteur qui lui exposoit la situation des pauvres, elle réunissoit les dames de Charité, leur donnoit des instructions mêlées d'éloges et d'encouragement, augmentoit leur nombre, s'il ne pouvoit suffire à tous les besoins, leur apprenoit à servir les malades, rétablissoit par ses aumônes leurs fonds, qui le plus souvent étoient épuisés, faisoit des distributions de linge, de drogues, d'ustensiles de pharmacie et de ménage.

Avec l'agrément des curés, sans lequel il lui étoit défendu de rien entreprendre, elle réunissoit les jeunes filles peu instruites, leur faisoit des catéchismes et des instructions. S'il y avoit dans le village une maîtresse d'école, elle lui traçoit, sans qu'elle s'en aperçût, la véritable méthode de l'enseignement religieux. S'il n'y en avoit pas, elle s'efforçoit d'en procurer une; et les premières leçons, elle les donnoit elle-même aux élèves et à l'institutrice.

Une telle conduite, qui méritoit la reconnoissance et les hommages des contemporains, comme elle obtient ceux de la postérité, toujours plus équitable, fut souvent traversée par l'envie et par la malignité, et Vincent s'en applaudissoit, parce que, sans leurs atteintes, madame Legras n'auroit pu échapper au démon de l'orgueil. Pour la consoler, il lui représentoit que le Sauveur des hommes, ce modèle de toute perfection, avoit été rassasié d'opprobres; il ajoutoit qu'elle devoit mettre des bornes à son zèle trop ardent, et que le désir immodéré du bien empêchoit souvent de faire celui que, sans cet excès, on auroit pu opérer avec facilité.

Pendant les voyages de Mme. Legras et de ses compagnes, Vincent affermit l'existence de la maison de Refuge que Mme. de Magnelais, sœur de l'archevêque de Paris, avoit fondée en 1618, et ouverte au repentir des personnes du sexe. Depuis douze ans que cet établissement étoit formé, il n'avoit pas repondu, faute d'une bonne direction, aux espérances qu'on en avoit conçues. Vincent, à qui on eut recours, comme à l'homme qui avoit le secret de faire prospérer toutes les bonnes œuvres, conféra sur cet objet avec l'archevêque de Paris, et ayant obtenu son approbation, il mit à la tête du Refuge trois religieuses de la Visitation. Ces pieuses filles de Saint-François-de-Sales réglèrent si bien, d'après ses conseils, cette nombreuse communauté qu'elle produisit dans la suite celles de Rouen et de Bordeaux.

La joie pure dont le succès de tant de saintes entreprises devoit remplir l'âme de Vincent fut troublée par la mort de son meilleur ami, son premier Mécène, le cardinal de Bérulle. Il expira à l'autel même, en célébrant les saints mystères. Le distique suivant, où on le fait parler lui-même, peint fort heureusement le genre et le lieu de cette mort.

> Cœpta sub extremis nequeo dùm sacra sacerdos
> Perficere, at saltem victima perficiam.

« J'acheverai, comme victime, l'auguste sacri-
» fice que l'épuisement de mes forces ne me per-
» met pas d'achever comme prêtre. »

Cet événement rappelle celui qui vient d'affliger profondément la France et son Roi. Le descendant du premier baron chrétien, le duc Mathieu de Montmorency, nous a aussi été enlevé aux pieds des autels, où il venoit tous les jours adresser des vœux au ciel pour son royal élève. Son éloge, dont une voix éloquente, (M. Laurentie), a déjà fait retentir cette enceinte, seroit aujourd'hui superflu : je dirai seulement aux membres de cette société savante et modeste, dont il a été le fondateur ; je dirai avec Horace, à mes modèles et à mes juges :

> Multis ille bonis flebilis occidit,
> Nulli flebilior quàm tibi Virgili.

Oui, vous qui l'avez approché de si près ; vous ses collègues et ses dignes confidens, vous avez senti plus vivement la perte de ce véritable philosophe chrétien. Quelques jours avant sa mort, au milieu des pompes académiques, il faisoit retentir du nom de Vincent de Paul le sanctuaire des lettres et des arts. Non content de lui avoir rendu cet hommage public, il obtint de la pieuse libéralité de Charles X, qui l'appeloit son ami, la fondation du prix que je viens disputer, plus séduit par l'attrait du sujet que par celui de la couronne. Mais suivons Vincent dans la retraite de Saint-Lazare.

CHAPITRE VIII.

Le prieur de Saint-Lazare cède cette maison à Vincent. — Réception que Vincent fait à un de ses neveux. — Fondation de l'hôpital des galériens à Marseille. — Entrevue avec le cardinal de Richelieu.

La maison de Saint-Lazare, aussi ancienne que la monarchie, puisque nos premiers rois, à leur avénement au trône, y faisoient leur résidence pendant quelques semaines, pour recevoir le serment des différens ordres de la capitale, devint, dans la suite des temps, l'asile de tous ceux qui étoient attaqués de la lèpre. Du temps de Vincent, Adrien Lebon l'occupoit avec huit chanoines réguliers; mais, la discorde s'étant glissée parmi eux, Lebon ne songea, après plusieurs conférences et règlemens inutiles, qu'à sortir d'un lieu où, avec les meilleures intentions du monde, il souffroit et faisoit souffrir les autres. Comme il étoit homme de bien, et que la réputation de Vincent étoit parvenue jusqu'à lui, il pensa que, s'il pouvoit lui faire accepter sa maison, il rendroit à l'humanité un service important. Ayant fait part de ce projet à M. de Lestocq, curé de Saint-Laurent, son ami; celui-ci, qui avoit suivi Vincent dans ses missions, et savoit d'avance combien cette cession seroit utile à la Religion, le confirma puissamment dans cet heureux dessein. Les deux amis se rendent sur-le-champ au collége des Bons-Enfans. Le prieur de Saint-Lazare exposa, sans préambule, à Vincent que, sur le récit touchant qu'on lui avoit fait de sa congrégation et de tous ses travaux, il étoit trop heureux de pouvoir contribuer à tant de bonnes œuvres, et qu'il étoit prêt à lui céder sa maison et toutes ses dépendances.

A cette proposition, qui eût réjoui tout autre, la surprise et l'effroi se peignent sur la physionomie de Vincent : quoiqu'il fût toujours maître de lui-même, son trouble se manifesta par un tremblement dont le curé de Saint-Laurent lui demanda la cause. Il lui répondit, avec autant de modestie que de vérité, que la proposition de M. Lebon étoit si fort au-dessus de ses forces et de celles de ses pauvres prêtres, qu'il se faisoit un scrupule même d'y penser. Il s'expliqua ensuite d'une manière si positive, combattit avec tant de force tout ce qu'on put lui dire de plus pressant, que le prieur de Saint-Lazare perdit toute espérance de succès. Cependant la douceur du fondateur de la mission, le charme de sa conversation simple et naïve ne firent qu'ajouter au désir qu'il avoit de se démettre en sa faveur. Aussi i lui dit, en le quittant, que l'offre qu'il étoit venu lui faire méritoit bien qu'on y songeât, et qu'il lui donnoit six mois pour y réfléchir.

Dans cet intervalle, Vincent donna un exemple d'humilité, bien digne d'être recueilli. L'archevêque de Paris, qui se reposoit sur lui de beaucoup de travaux importans, l'ayant appelé à une grande assemblée qui se tint dans son palais, lui fit publiquement une réprimande sévère au sujet d'une mission dont il croyoit qu'il ne s'étoit pas acquitté. Vincent ne dit pas un mot pour se justifier, ou plutôt n'avoit pas besoin de justification ; mais, quoiqu'il eût alors plus de cinquante ans, il se mit à genoux comme un jeune novice, et demanda pardon de la faute dont il n'étoit pas coupable. Cet exemple de soumission et de respect édifia l'assemblée, qui en fut encore plus touchée quand elle apprit qu'il avoit fait, et très-bien fait, ce dont le prélat l'avoit chargé.

Le trait suivant contrasteroit avec celui que nous venons de rapporter, si le petit mouvement d'orgueil qui le produisit n'avoit pas été à l'instant réprimé. Un de ses neveux arrive inopinément à Paris. Ce jeune homme avoit quitté son pays dans l'espérance, partagée par toute sa famille, que son oncle feroit sa fortune à Paris. Il étoit vêtu en paysan béarnais ; et ses manières et son langage répondoient bien à son origine. Vincent étoit dans sa chambre, lorsque le portier du collége vint lui annoncer qu'un pauvre paysan, qui se disoit son neveu, demandoit à lui parler. A cette annonce il rougit, son amour-propre est humilié. Ce sentiment, le premier qui entre dans nos cœurs, et qui en sort le dernier, se réveille dans l'homme qui l'avoit combattu toute sa vie : il charge un de ses prêtres d'aller recevoir pour lui cette visite inattendue ; mais tout à coup triomphant de l'orgueil qui vouloit le dominer, il descend lui-même dans la rue où son neveu étoit resté, l'embrasse tendrement aux yeux de tous les passans; puis, la prenant par la main, il l'introduit dans la cour, fait appeler tous ses prêtres. Il fit plus, il le présenta, dans son costume béarnais, à toutes les personnes de distinction qui vinrent le visiter. Non content de cette victoire sur lui-même, il s'accusa publiquement, à la première retraite, d'avoir eu assez d'orgueil pour avoir voulu faire monter secrètement dans sa chambre un des siens, parce qu'il étoit paysan et mal habillé. Ce pauvre neveu, si bien accueilli, fut cependant trompé dans ses espérances. La résolution de Vincent de laisser sa famille dans la condition modeste de ses pères étoit inébranlable. Aussi le jeune Baérnais regagna à pied son village, comme il étoit venu, emportant dix écus pour son voyage; encore son oncle les demanda-t-il pour lui à titre d'aumône, à Mme. de Magnelais; et c'est la seule fois qu'il ait sollicité pour sa famille la charité des autres.

Cependant les six mois que le prieur de Saint-Lazare avoit donnés à Vincent pour délibérer sur la proposition qu'il lui avoit faite de lui céder sa maison étant expirés, il se rendit aux collége des Bons Enfans, avec le curé de Saint-Laurent, pour lui renouveler ses instances; mais il le trouva toujours constant dans ses refus. L'heure du repas ayant sonné pendant leur entretien, M. Lebon voulut dîner avec la communauté. L'ordre, le silence les lectures pieuses la frugalité qui présidèrent à ce repas le charmèrent en l'édifiant. Toujours plus affermi dans son premier dessein, il conjura M. de Lestocq de continuer ses poursuites, et de ne laisser à Vincent ni paix ni trève qu'il ne l'eût engagé à consentir à une cession, qui n'avoit rien que de raisonnable et d'avantageux. Cette négociation ne pouvoit être en de meilleures mains; outre que M. de Lestocq étoit l'ami des deux parties, il désiroit vivement que Vincent se rapprochât encore de lui, sa cure étant voisine de Saint-Lazare. Il lui fit plus de vingt visites dans l'espace de six mois, sans pouvoir même le décider à venir voir la maison qu'on lui offroit; tant le Saint craignoit pour son cœur la séduction de ses yeux! « L'établissement que vous me proposez, lui disoit-il toujours, est trop considérable, je n'ai qu'un petit nombre de prêtres pour l'occuper; à peine sont-ils nés; je crains pour eux et pour moi l'éclat et le bruit. »

Au bout d'un an, l'affaire n'étoit pas plus avancée que le premier jour; à la fin, le prieur de Saint-Lazare, fâché de ces longs retards, dit à Vincent avec un peu d'humeur : « Vous êtes un homme bien étrange : tout le monde doit vous conseiller d'accepter le bien que je vous offre. Il seroit cependant de la sagesse de ne pas vous en rapporter uniquement à vous-même: Dites-moi de qui vous prenez conseil, quel est l'ami qui possède votre confiance; je m'en rapporterai à lui; et s'il pense comme vous, je vous promets d'abandonner toutes mes poursuites. »

Vincent céda à une proposition si juste, et indiqua M. Duval, docteur de Sorbonne, qui, depuis la mort de M. Bérulle, étoit son directeur. M. Lebon s'empressa d'aller le trouver, et toutes les résistances furent vaincues : M. Duval régla lui-même les conditions du contrat. L'affaire paroissoit conclue, lorsqu'un incident imprévu faillit la rompre. M. Lebon crut devoir stipuler que ses huit religieux logeroient dans le même dortoir que les missionnaires. Mais Vincent, dans l'intérêt de la discipline rigoureuse qu'il avoit imposée à ses prêtres, et craignant que des étrangers ne vinssent la troubler, ne voulut pas consentir à cette clause, et M. Lebon fut obligé d'y renoncer. Le contrat ayant été passé le 6 janvier 1632, Vincent entra en possession de Saint Lazare. L'archevêque de Paris lui fit l'honneur de l'y installer. Le prevôt des marchands avoit ratifié la donation; tous les obstacles étoient levés; mais la patience de Vincent, qui avoit lassé celle de M. Lebon, devoit aussi être mise à l'épreuve.

Le Roi ayant fait expédier des lettres patentes pour cette donation, la communauté de Saint-Victor s'opposa à l'enregistrement, prétendant que la maison de Saint-Lazare lui appartenoit. Il s'engagea entre elle et le prieur de Saint-Lazare un procès, auquel Vincent seroit resté étranger sans la crainte, non d'être évincé, mais de ne pouvoir continuer ses soins à quatre insensés que M. Lebon avoit recueillis dans sa maison; le Saint, qui n'avoit pas voulu habiter avec les chanoines, avoit demandé en grâce qu'on lui laissât ces malheureux. Il s'étoit attaché à eux, les servoit lui-même, et les soulageoit de tous ses moyens. Leur abandon, si le prieur eût succombé devant les tribunaux, l'occupoit plus que la perte des avantages que sa congrégation devoit retirer du maintien de la concession. Mais un arrêt contradictoire la confirma; et la maison de Saint-Lazare fut acquise pour toujours aux missionnaires, ou plutôt à l'humanité souffrante.

La possession paisible de Saint-Lazare, donnant à Vincent les moyens d'exercer avec plus d'étendue la charité dont il étoit embrasé, les galériens furent les premiers à en ressentir les effets. Transférés par ses soins dans le quartier de Saint-Roch, ils y étoient traités aussi bien qu'ils pouvoient l'être; mais comme ils n'avoient qu'une maison à loyer, il s'occupa de leur procurer un hospice qui fût à eux pour toujours. Il s'adressa au Roi, qui, sur sa demande, leur accorda une ancienne tour située entre la Seine et la porte Saint-Bernard. Il les visitoit avec ses prêtres, qui leur disoient la messe tous les jours, et les instruisoient, tandis que Mme. Legras adoucissoit leurs peines par tous les bons offices que les femmes connoissent et exercent avec tant de succès. Vincent fournit lui seul à toutes les dépenses, pendant les huit ou dix premières années de ce nouveau séjour. Dans la suite, les prêtres de la paroisse de Saint-Nicolas-du-Chardonnet, sur laquelle étoit l'hospice, ayant été chargés de la visite des galériens, il leur assura un traitement de 500 francs, dont les siens n'avoient jamais joui. La source de tant de bienfaits eût été bientôt tarie, si une personne pieuse n'eût légué à l'hospice des galériens 6,000 francs de rente, dont le fonds devoit être assigné par sa fille, son unique héritière. M. Molé, alors procureur-général du parlement, aida Vincent à recueillir cet héritage, et voulut bien se charger à perpétuité de l'administration temporelle de cet établissement.

Vincent ne borna pas sa sollicitude aux galériens de Paris. Dans ses voyages à Marseille il avoit été vivement touché du sort de ces malheureux pendant leurs maladies, où il les avoit vus toujours attachés à leurs chaînes, cousumés de pourriture et d'infection, constamment abandonnés; et appelant la mort comme le seul terme de leurs souffrances. Il auroit voulu dès lors soulager tant de maux; mais ses efforts eussent été impuissans, et la sagesse commande souvent d'ajourner même le bien.

Lorsqu'enfin le royaume fut moins agité, que la célèbre journée des Dupes, qui croyoit voir le pouvoir de Richelieu anéanti, n'eût servi qu'à le relever et à l'accroître, Vincent eut recours à ce ministre, avec d'autant plus de confiance que la charge de général des galères étoit passée dans sa maison, depuis la démission de M. de Gondi. Son introductrice auprès du cardinal fut la duchesse d'Aiguillon, nièce de ce ministre, digne compagne de Mme. Legras, de la marquise de Magnelais, et depuis long-temps protectrice déclarée de toutes les pieuses créations. Richelieu, qui partageoit la vénération de sa nièce pour l'instituteur de la mission, l'accueillit avec tous les égards qu'il méritoit. Son front sévère savoit s'adoucir; il ne faisoit trembler que les ennemis de la France. Après la peinture touchante de l'horrible état des galériens de Marseille pendant leurs maladies, Vincent demanda au cardinal qu'un hôpital fût construit pour eux dans cette ville. Ce projet avoit quelque chose de ces grandes conceptions qui plaisoient au génie de Richelieu; aussi le fit-il agréer au Roi, et l'hôpital fût bâti au même lieu où M. de Gondi en avoit jeté les fondemens; l'évêque de Marseille, Jean-Baptiste Gault, et le chevalier de Simiane, de la même ville, concoururent puissamment au succès de cette entreprise : ce dernier s'étant constitué pour ainsi dire l'infirmier de cet hospice, y contracta la maladie qui l'enleva dans la force de l'âge. Nous verrons dans la suite cet hospice doté par la magnificence de Louis XIV, qui lui assigna un revenu de 12,000 francs sur les gabelles de la province. La duchesse d'Aiguillon, digne héritière ou plutôt fidèle exécutrice des grandes vues de son oncle, fonda à perpétuité, avec un capital de 14,000 francs, des missions régulières sur les galères de Marseille. C'est ainsi qu'un simple prêtre tournoit au profit de l'humanité les pensées d'un grand ministre, et lui suggéroit des desseins dignes de l'un comme de l'autre. Ceux-ci, du moins, n'ont rien à craindre de la critique de l'histoire.

Les conférences ecclésiastiques, qui, du collége des Bons-Enfans furent transférées à St.-Lazare, amenèrent de nouveaux rapports entre deux hommes qui se ressembloient si peu. Richelieu, à qui rien de ce qui s'établissoit en France ne pouvoit rester inconnu, apprit bientôt que Vincent réunissoit dans sa nouvelle maison un grand nombre de prêtres, pour conférer avec eux sur les moyens les plus propres à rétablir le véritable esprit ecclésiastique et à le conserver; que l'assemblée des Mardis ou la conférence de Saint-Lazare (car c'est sous deux noms qu'elle fut connue) étoit si fréquentée qu'au rapport de Lancelot, qui n'est pas suspect, il n'y avoit pas un ecclésiastique de mérite qui n'en voulût être. Sur ce récit fidèle de l'influence que Vincent exerçoit déjà sur tout le clergé, Richelieu le fit appeler dans son palais, et s'entretint long-temps avec lui; il entendit avec intérêt le compte qu'il lui rendit de la nature et de l'objet des conférences, l'exhorta vivement à les continuer; l'assura de toute sa protection, et le pria de venir le voir de temps en temps. Avant de le congédier, il voulut savoir de lui les noms des ecclésiastiques qui assistoient le plus assidûment aux assemblées, ceux qui s'y distinguoient et qui étoient les plus dignes de l'épiscopat. Lorsque le modeste missionnaire se fut retiré, il dit à la duchesse d'Aiguillon sa nièce : « J'avois déjà une grande idée » de Vincent; mais je le regarde comme un tout » autre homme depuis le dernier entretien que » j'ai eu avec lui. »

*

A ce suffrage si imposant, nous en ajouterons un autre plus imposant encore, celui de l'immortel Bossuet, qui, jeune alors, suivoit les conférences, et qui, quarante-deux ans après, dans une lettre à Clément XI pour la béatification de Vincent, lui en parloit en ces termes : « On y voyoit les » prélats les plus distingués. Vincent animoit seul » ces pieuses assemblées ; nous l'écoutions avec » avidité, parce qu'il accomplissoit ce précepte » des apôtres : Si quelqu'un de vous parle, qu'il » fasse entendre la parole de Dieu ; s'il administre, » qu'il le fasse avec cette vertu que Dieu seul » peut donner. » Pourquoi avons nous à regretter que le génie de Bossuet ait négligé de laisser à la postérité l'oraison funèbre du bienfaiteur de l'humanité ? ce sujet eût été si digne d'un si grand talent ?

On distinguoit parmi les ecclésiastiques qui fréquentoient les conférences et qui en assuroient le succès, MM. de Perrochel, depuis évêque de Boulogne ; Pavillon, depuis évêque d'Aleth ; Godeau, évêque de Vence, un des premiers membres de l'Académie française ; Olier, curé de Saint-Sulpice, instituteur de la célèbre communauté du même nom, et fondateur de plusieurs séminaires (1).

---

(1) M. Olier fonda les séminaires du Puy en Velay, du Bourg Saint-Andéol et de Viviers. Ce dernier fut en 1793 la maison de détention des honorables suspects du Vivarais. Il est redevenu séminaire par les soins d'un digne disciple de M. Olier, M. Vernet. Celui du bourg

Les conférences de Saint-Lazare donnèrent à l'Eglise un grand nombre de fidèles ministres, qui, pleins de l'esprit de leur instituteur, le répandirent dans les provinces. C'est de cette école que sortirent vingt-trois évêques ou archevêques, un nombre infini de grands-vicaires, et surtout de bons pasteurs, qui portèrent au loin la sainteté de leur doctrine. Ces élèves de Vincent formèrent autour de lui comme un corps de réserve, toujours prêt à marcher aux lieux où il jugeoit leur présence nécessaire. Les uns, s'unissant à sa congrégation, alloient instruire et édifier les peuples des campagnes; les autres faisoient des missions dans les villes où les prêtres de Vincent ne pouvoient travailler; tous remplirent la France de leurs travaux, et se la partageoient en quelque sorte pour la pacifier et la consoler.

La capitale ressentit bientôt les heureux effets des conférences de Saint-Lazare. Des missionnaires firent entendre leurs voix au régiment des gardes, aux Quinze-Vingts; ils s'attachèrent surtout aux artisans qui ignoroient les premiers principes de la religion, aux mendians dont Paris étoit alors infecté, aux malades des hôpitaux de la Pitié, de l'Hôtel-Dieu, aux employés de ces établissemens, et tous recueillirent les plus heureux fruits de leurs travaux. C'est pendant le cours de ces différentes missions, que ces ecclésiastiques firent imprimer, sur une feuille volante,

---

Saint-Andéol vient aussi d'être rendu par lui à sa destination première.

l'Exercice du Chrétien, et qu'ils répandirent dans la France et dans l'étranger plus d'un million d'exemplaires de ce petit abrégé de la doctrine chrétienne mise à la portée du peuple.

CHAPITRE IX.

Mission faite dans un bourg à des gens de loi. — Autre mission dans le Faubourg Saint-Germain par les ecclésiastiques des conférences. — Retraites de Saint-Lazare.

Dans un gros bourg, dont les historiens de Vincent ne nous ont pas donné le nom, vivoient, au sein du désordre, des cabaretiers, des huissiers, des procureurs, formant presqu'à eux seuls toute la population du lieu : c'étoit l'antre de la chicane ; les consultations et les audiences se donnoient dans les cabarets, toujours ouverts fêtes et dimanches, même pendant les offices divins. Les pauvres plaideurs étoient obligés d'y traiter largement les huissiers et les procureurs, sans que ces avances diminuassent les frais et les honoraires. Les procès devenoient éternels, et la substance de la veuve et de l'orphelin engraissoit des hommes avides et rusés. Ce lieu de rapine étoit si universellement connu et décrié, que la salle où se tenoient les séances n'avoit, dans tout le pays, d'autre nom que celui de Pillier de l'enfer.

Les ecclésiastiques des conférences de Saint-Lazare, animés et dirigés par les conseils et l'expérience de Vincent, se rendirent dans ce bourg.

pour y faire une mission. Ils commencèrent d'abord à s'élever fortement, du haut de la chaire évangélique, contre la licence qui régnoit impunément dans les lieux publics; puis ils engagèrent le magistrat chargé de la police à faire un règlement, dont la stricte exécution mettroit un terme à tant de désordres. Cet heureux concours de l'autorité civile obtint les meilleurs résultats. Les cabarets furent soumis à une police salutaire. Après cette première réforme, les missionnaires, toujours aussi prudens que zélés, firent une visite au prevôt qui étoit le juge du lieu. Ils lui représentèrent, dans plusieurs conférences suivies, que, sans parler de la gloire de Dieu et de ses devoirs comme magistrat, il étoit de son intérêt et de son honneur de ne pas souffrir plus long-temps l'immoralité et les concussions des officiers de justice placés sous sa surveillance; que tôt ou tard les justes plaintes des opprimés parviendroient aux oreilles des juges des tribunaux supérieurs; qu'il seroit traité alors comme complice des vexations qu'il n'avoit pas arrêtées; qu'il pouvoit encore remédier au mal par de sages règlemens ponctuellement exécutés; que pour réprimer les injustices et les rapines des huissiers et des procureurs, il devoit leur défendre, sous peine d'amende et d'interdiction de leur état, d'aller dans les cabarets avec leurs cliens; et qu'il ne seroit pas difficile de faire approuver et maintenir par les présidens et conseillers du Parlement toutes les mesures qu'il prendroit pour ramener dans sa juridiction, l'ordre et la justice. Excité par ce discours, le prevôt promit toute son assistance, et remplit sa promesse.

Les missionnaires ne bornèrent pas là leurs travaux et leur zèle apostoliques; ils réunirent les huissiers et les procureurs pour les disposer à obéir au règlement du prevôt. Ils les engagèrent à s'approcher d'un tribunal plus redoutable que celui de la justice humaine. Ceux-ci entendirent la voix de la religion, et se montrèrent depuis fidèles à la suivre. La réforme fut si complète, et le prevôt, qui jusqu'alors avoit été si négligent, pour ne rien dire de plus, déploya tant de surveillance et d'intégrité, que son propre père, qui étoit procureur, fut condamné en pleine audience à l'amende, pour avoir voulu faire traîner un procès en longueur par des formalités inutiles. Ainsi quelques prêtres, sans autre appui que la charité et la prudence, réussirent à fermer d'une main le temple de la discorde, et à ouvrir de l'autre celui de la paix et de la justice.

La mission qu'ils donnèrent quelque temps après dans le faubourg Saint-Germain fera encore mieux connoître, combien les disciples de Vincent étoient déjà dignes d'un si grand maître. Le faubourg Saint-Germain étoit bien différent de ce qu'il est aujourd'hui : la licence et la corruption s'y étoient réfugiées comme dans leur centre. Une dame pieuse, affligée de tant de désordres, et croyant qu'une mission faite par Vincent ou par les siens pourroit en arrêter le cours, le pria d'en commencer une dans ce faubourg. Vincent lui répondit que lui et ses prêtres ne prêchoient pas dans les villes, et que les habitans des campagnes réclamoient tout leur ministère. Cette dame ayant redoublé ses prières, il lui promit de penser à sa demande, et en effet il en parla à quelques ecclésiastiques de ses conférences ; mais tous se récrièrent contre cette proposition ; effrayés des obstacles, ils alléguèrent l'impossibilité du succès. Loin de se rebuter, le saint prêtre renouvela cette proposition, à la première assemblée, et la soutint si vivement qu'il s'aperçut aisément qu'il avoit mortifié ceux qui la combattoient. Au désespoir de les avoir affligés, il se mit à genoux devant toute l'assemblée, en demandant pardon de la vivacité de ses paroles. Cet acte d'humilité, la vue d'un supérieur aux pieds de ses élèves, produisirent une impression générale et profonde.

La mission fut résolue à l'unanimité. On convint que Vincent règleroit tout ce qu'il y avoit à faire ; mais on croyoit généralement qu'au sein de la capitale, il falloit attaquer le vice avec d'autres armes que celles qui avoient triomphé dans les campagnes ; que des discours simples et familiers, qui avoient ramené les pauvres villageois, seroient trouvé ridicules par des riches orgueilleux. Vincent s'éleva contre cette opinion, et la fit rejeter ; il ne voulut d'autre esprit que celui de Jésus-Christ, qui est un esprit de simplicité ; il soutint qu'en parlant le langage touchant et affectueux du Fils de Dieu, ce ne seroient pas les missionnaires qui parleroient, mais Jésus-Christ lui-même par leur bouche. Cet avis ayant prévalu, on ne tarda pas à reconnoître la sagesse qui l'avoit dicté. Le ton modeste, les manières apostoliques des missionnaires commencèrent à prévenir en leur faveur et à attirer un grand concours. Des traits vifs, insinuans, mêlés de force et de chaleur, une éloquence naturelle et affectueuse ébranlèrent et touchèrent les auditeurs. Les missionnaires furent surpris et transportés eux-mêmes des avantages que les conseils et la méthode de Vincent leur firent remporter sur des pécheurs endurcis, sur des abus et des désordres de toute espèce. Le faubourg Saint-Germain changea entièrement de face. On voulut retenir les missionnaires par des dotations considérables; mais ils les refusèrent, en disant qu'ils se devoient à toutes les paroisses, à toute la France. En effet, ils se transportèrent quelque temps après dans le diocèse de Metz, où Bossuet, alors archidiacre de cette église, les aida avec autant de zèle que de talent.

Les conférences ecclésiastiques se répandirent bientôt dans tout le royaume par les soins des évêques, qui voulurent en faire jouir le clergé de leur diocèse. Les villes de Noyon, de Pontoise, d'Angers, d'Angoulême, de Bordeaux eurent leurs assemblées, à l'instar de celles de Saint-Lazare. Ces nouvelles colonies regardoient Vincent de Paul comme leur fondateur, et il en recevoit des lettres aussi tendres que respectueuses; nous n'en rapporterons qu'une, qui est de M. Godeau, évêque de Vence, et qui fut adressée par lui aux ecclésiastiques de Saint-Lazare, avant de partir pour son diocèse.

« Trouvez bon, s'il vous plaît, Messieurs, leur dit-il, que je vous conjure par cette lettre de vous souvenir de moi dans vos sacrifices, et croyez que je tiens à une bénédiction singulière d'avoir été reçu parmi vous. Le souvenir des bons exemples que j'y ai vus et des choses excellentes que j'y ai entendues, rallumera mon zèle quand il sera éteint; et vous serez les modèles sur lesquels je tâcherai de former de bons prêtres. Continuez donc vos saints exercices dans le même esprit, et répondez fidèlement aux desseins de Jésus-Christ sur vous, qui veut sans doute renouveler, par votre moyen, la grâce du sacerdoce en son Église. »

C'étoit peu pour Vincent d'avoir instruit et édifié les ecclésiastiques de Paris par les conférences de Saint-Lazare; il résolut d'établir des retraites pieuses pour les fidèles de la capitale, et crut devoir tenter, pour la paix et la sanctification des familles, ce qu'il avoit fait pour le clergé. Dans ce dessein inspiré par un zèle que sembloient animer également les succès et les obstacles, il ouvrit la maison de Saint-Lazare à tous ceux qui vouloient se ménager quelques jours de repos au milieu des embarras et du tumulte du monde. Un asile, jadis réservé au soulagement de l'horrible maladie qui affligeoit nos pères, fut consacré à la guérison de toutes les plaies de la société, plus incurables que celles de la lèpre.

Comme le père de famille de l'Évangile, Vincent voulut faire asseoir à sa table les bons et les mauvais, les riches et les pauvres, ne leur demandant à tous, pour prix de cette admirable hospitalité, que de devenir meilleurs, et par conséquent plus heureux. Cet appel généreux fut entendu à Paris et dans les provinces : on accourut en foule à Saint-Lazare, comme à une piscine salutaire; on voyoit réunis et confondus au même réfectoire des seigneurs de la plus haute distinction et des hommes de la plus humble classe, des laïcs, des docteurs, de pauvres paysans, des ouvriers de toute espèce et de graves magistrats. On voyoit les maîtres à côté de leurs domestiques, des vieillards gémissant sur le passé auprès de jeunes gens qui venoient se prémunir contre l'avenir. Tous recevoient, avec les instructions générales sur les grandes vérités de la religion, des conseils et des exhortations analogues à leur état et à leur vocation : le soldat, le magistrat, l'ouvrier, l'étudiant apprenoient à chérir leur condition et à en remplir les devoirs. Ceux qui n'avoient pas encore embrassé d'état fixoient particulièrement l'attention des ecclésiastiques qui dirigeoient les exercices des retraites. On leur laissoit toute liberté dans leur choix; Vincent défendoit sévèrement à ses prêtres de proposer sa congrégation à ceux qui vouloient quitter le monde pour se vouer au sacerdoce. Il leur recommandoit principalement deux choses : la première, de dédaigner les ressources et les succès de l'art et de l'éloquence, réprouvés si souvent par saint Paul; de parler autant à l'âme qu'à la raison; de faire aimer surtout la religion chrétienne à leurs auditeurs, comme la seule favorable au bonheur des hommes : la seconde, de ne jamais choisir pour matière de leurs discours des sujets plus capables d'amuser l'esprit que de l'éclairer; de ne point arranger et étudier leurs paroles, mais de céder aux inspirations soudaines et toujours éloquentes qu'excitent l'habitude de la prière et la méditation des choses saintes.

De si sages préceptes furent suivis pendant la vie de Vincent; pour qu'ils le fussent également après sa mort, il ne cessoit de répéter à ses prêtres que le choix qu'il avoit plu à Dieu de faire de la maison de Saint-Lazare pour la conversion d'un nombre infini de pécheurs étoit une grâce singulière qu'il leur avoit accordée; que s'ils perdoient ce glorieux emploi, ils seroient privés des autres faveurs de la Providence; qu'ils ne devoient s'effrayer ni de l'excès des dépenses, ni de l'excès des travaux qu'il leur imposoit; qu'un missionnaire qui ne s'acquitteroit qu'avec répugnance de fonctions si importantes ne seroit plus qu'un objet d'horreur devant Dieu et devant les hommes. « Ah! s'écria-t-il une fois en termi-
» nant une longue conférence sur cette matière,
» quel sujet de honte! quel sujet d'affliction, si ce
» lieu, qui est maintenant comme une piscine sa-
» lutaire où tant de monde vient se laver, alloit
» devenir un jour une citerne corrompue par le
» relâchement et l'oisiveté de ceux qui l'habite-
» ront! Prions Dieu, Messieurs, que ce malheur
» n'arrive pas. Prions la Sainte Vierge qu'elle le

» détourne de nous par son intercession et par le
» désir qu'elle a de la conversion des pécheurs.
» Prions l'ami du Fils de Dieu, saint Lazare, qu'il
» ait agréable d'être toujours le protecteur de cette
» maison, et qu'il lui obtienne la grâce de la
» persévérance dans le bien qu'elle a com-
» mencé. »

Les disciples de Vincent étoient en effet effrayés des dépenses énormes que ce concours de tant de fidèles leur occasionoit, et se demandoient avec inquiétude comment il pourroit y subvenir. Ils calculoient que, pendant les vingt dernières années de sa vie, près de vingt-huit mille personnes étoient venues faire leur retraite à Saint-Lazare. Avant ce temps, on y en recevoit plus de huit cents par année. A la vérité quelques-unes payoient une partie de leurs dépenses, mais la plupart ne donnoient rien, soit parce que la modicité de leur fortune ne le leur permettoit pas, soit parce qu'elles s'imaginoient que les retraites étoient l'objet d'une fondation spéciale, et qu'ainsi l'hospitalité qu'elles recevoient étoit une obligation plutôt qu'un acte de charité. Loin de partager les alarmes des siens, plus Vincent avança en âge, plus il devint saintement prodigue sur ce point.

Cependant, cédant un jour aux plaintes de toute sa congrégation qui lui représentoit qu'elle alloit périr s'il ne mettoit des bornes à ses pieuses libéralités, il consentit à faire un choix parmi les *retraitans* qui se présenteroient; mais, quand il fut question d'admettre les uns et de rejeter les autres, son cœur fut si ému qu'il ne put refuser personne, et ce jour là il en reçut plus que de coutume ; aussi les plaintes ayant recommencé, il répondit à ceux qui vinrent lui représenter qu'il n'y avoit plus de chambres pour loger tant de monde : « C'est une bagatelle ; quand » elles seront remplies, il n'y aura qu'à leur don- » ner la mienne. » Il s'expliqua une autre fois sur cet article d'une manière encore plus précise, et qui annonça que, dans toute sa conduite, il cédoit à une inspiration divine. « Si nous avions, » disoit-il à ses prêtres, trente ans à subsister, et » qu'en recevant tous ceux qui viendront faire » leur retraite, nous n'en dussions subsister que » quinze, il ne faudroit pas pour cela manquer à » les recevoir ; il est vrai que la dépense est » grande, mais elle ne peut être mieux employée, » et si la maison est engagée à ce sujet, Dieu » saura bien trouver les moyens de la dégager, » comme il y a lieu de l'espérer de sa providence » et de sa bonté infinie. »

Libre de toute inquiétude sur les besoins temporels, il ne songeoit qu'à entretenir le zèle de ses missionnaires, en leur représentant les succès qu'ils obtenoient dans toutes les classes de la société. Tantôt il leur montroit ces officiers, ces soldats qui venoient apprendre à vivre et à mourir pour Dieu et pour le Roi, à l'exemple de ces légions chrétiennes si célèbres dans l'antiquité. Tantôt il s'entretenoit devant eux avec un capitaine qui, après avoir bravé la mort dans les batailles, venoit chercher aux retraites de Saint-

Lazare, un nouveau courage pour entrer et finir ses jours dans une chartreuse. Puis il leur parloit d'un protestant, homme de savoir et de mérite, qui étoit rentré dans la religion catholique, et qui venoit leur demander de nouvelles armes pour la défendre dans ses écrits. Voyez, leur disoit-il, ces trois ecclésiastiques venus du fond de la Champagne; entendez celui qui me dit en m'embrassant : « Monsieur, je viens à vous de bien loin; si vous ne me recevez, je suis perdu. » Il leur rappeloit de temps en temps les bons effets des retraites qu'ils avoient vus de leurs propres yeux; quelquefois il leur apprenoit ceux qu'ils ne connoissoient pas. Il leur dit un jour qu'étant allé en Bretagne, un fort honnête homme n'eût pas plus tôt appris son arrivée qu'il accourut dans la maison où il étoit logé, et lui dit dans un transport de reconnoissance : « O »Monsieur! je vous dois, après Dieu, mon salut; »c'est la retraite que j'ai faite chez vous qui a »mis ma conscience en repos. Elle m'a fait pren- »dre une manière de vie que j'ai toujours gardée »depuis ce temps-là, et que je garde encore avec »grande paix et satisfaction de mon esprit. Cer- »tes, Monsieur, je vous ai de si grandes obli- »gations que j'en parle partout, et je dis dans »toutes les compagnies où je me trouve, que, »sans la retraite que j'ai faite à Saint-Lazare, »je serois perdu. Je vous prie de croire que »c'est une grâce dont je me souviendrai toute »ma vie. »

La pratique salutaire des retraites s'introduisit

ainsi dans les diocèses. Beaucoup de prélats qui, n'étant encore que simples prêtres, avoient suivi sous la direction de Vincent, celles de Saint-Lazare, s'empressoient de faire participer leurs prêtres à ces pieux exercices. Ils eurent cependant des obstacles à surmonter, beaucoup de préventions à détruire; le seul nom de retraite effraya d'abord des ecclésiastiques livrés depuis long-temps à la dissipation. Les uns s'en plaignoient comme d'une gêne insupportable, les autres comme d'une nouveauté déplacée. Mais les conseils et les instructions données par Vincent à ses prêtres, qui lui étoient demandés de toute part comme les plus heureux propagateurs de sa méthode, les imitateurs de son zèle, triomphèrent de toutes les mauvaises dispositions. Les plus âgés, toujours moins faciles à ébranler, se rendirent néanmoins aux exercices, en furent touchés, et n'en virent qu'avec peine le terme; dix jours de retraite leur parurent trop courts. Plusieurs offrirent leurs biens pour rendre permanent le secours que Vincent leur avoit procuré. D'autres demandèrent avec instance à rentrer dans les séminaires pour continuer leurs études, et se rendre plus dignes d'un ministère, dont ils n'avoient pas connu jusqu'alors toute l'importance et la dignité.

L'usage des retraites se répandit bientôt en Italie. Le cardinal Durazzo, ayant appelé à Gènes les prêtres de Vincent, voulut essayer s'ils ne seroient pas aussi utiles à son clergé qu'ils l'avoient été aux peuples des campagnes de son diocèse. Il invita en conséquence les curés des paroisses qui avoient recueilli tous les fruits des Missions, à se rendre tous dans la capitale. La première retraite eut lieu dans la maison de la Mission, sous la conduite du supérieur. Le cardinal, profondément ému de voir que le bien produit par ces nouveaux exercices surpassoit ses espérances, voulut se mettre lui-même en retraite avec dix prêtres de la congrégation des Missions qui travailloient dans son diocèse. Quoique d'une complexion très-délicate, et plus affaibli par ses travaux que par l'âge, il la suivit avec une ponctualité rigoureuse. Il faisoit, comme tous les autres, quatre heures d'oraison par jour, à genoux et dans une parfaite immobilité. Au premier son de cloche, il se rendoit au lieu de l'assemblée. A table, il ne vouloit pas souffrir qu'on lui servît d'autres mets que ceux préparés pour la communauté. Lorsque la retraite fut finie, et qu'on le pria de donner la bénédiction à ceux qui avoient eu le bonheur de la faire avec lui, on eut toutes les peines du monde à l'y déterminer ; il vouloit recevoir lui-même la bénédiction du supérieur des Missions.

La mémoire de Vincent de Paul est encore chérie et vénérée dans les États de Gênes. Lorsque le 15 août 1799, la ville de Novi fut le théâtre de cette sanglante bataille, où l'armée française, affoiblie par des revers, ne céda qu'au nombre de ses ennemis, les habitans de cette ville, réfugiés dans les églises et les couvens, invoquèrent le nom de saint Vincent de Paul, et mirent sous sa protection leur vie et leur fortune. Nous les avons entendus se féliciter de sa puissante intercession, et lui attribuer d'avoir échappé, dans cette horrible journée, au pillage et à la mort. Nous avons vu dans beaucoup d'églises de village des Appennins, des autels consacrés à Vincent, et beaucoup de Français lui ont dû, sans le savoir, une bienveillante hospitalité.

CHAPITRE X.

Institution des Filles de la Charité.

Les confréries de la Charité instituées par Vincent, dans le cours de ses missions, en faveur des pauvres malades des campagnes, avoient été introduites dans les villes où des dames de la plus haute condition les avoient favorisées et s'y étoient associées. Ces nouvelles fondatrices avoient rempli toutes les obligations qu'elles s'étoient imposées; mais celles qui leur succédèrent ne furent pas aussi fidèles à leurs engagemens. Soit opposition de leurs maris qui craignoient pour elles l'influence du mauvais air et des maladies, soit ralentissement de zèle, elles confièrent le soin des pauvres à des mains serviles, incapables de remplir l'honorable ministère de charité. Aussi ces précieux établissemens dépérissoient tous les jours. Vincent vit la source du mal, et sut y remédier. Il jugea qu'il étoit indispensable d'avoir de véritables servantes des pauvres qui, uniquement occupées d'eux, leur distribuassent chaque jour les alimens et les remèdes qu'elles auroient préparés.

Ce plan bien conçu étoit cependant d'une exécution difficile. Après bien des essais infructueux,

Vincent crut devoir céder aux prières de madame Legras qui, toujours occupée de bonnes œuvres, n'attendoit, depuis deux ans, que sa permission pour se consacrer au service de l'humanité, par des vœux aussi purs qu'irrévocables. Il lui envoya, sur la fin de l'année 1633, trois ou quatre filles de la campagne, qui s'étoient présentées à lui dans ses missions, et qu'il avoit reconnues très-capables de remplir les pénibles fonctions auxquelles il les destinoit. Madame Legras les reçut, les logea dans sa maison, et les forma à la pratique de tous les devoirs qu'elle s'imposoit si généreusement. On reconnut bientôt par les élèves la haute capacité de l'institutrice ; ces premières filles, que les besoins pressans des pauvres ne permirent pas de garder long-temps auprès d'elle, édifièrent toutes les paroisses où elle les envoya. Leur douceur, leur modestie, leur dévouement de tous les jours aux misères humaines, charmèrent et consolèrent ceux qui en étoient témoins. Ces pieuses filles eurent bientôt d'autres compagnes qui, entraînées par leurs exemples et par les bénédictions qu'elles s'attiroient, vinrent s'offrir à madame Legras et à Vincent pour partager les mêmes travaux et la même récompense.

Telle fut l'origine, tels furent les faibles commencemens de cette congrégation de vierges chrétiennes, qui, sous le nom de Filles de la Charité, s'est dévouée à toutes les infortunes pour les adoucir et les consoler, et qui s'est répandue, comme une rosée bienfaisante, sur toute la France et presque toute l'Europe.

Vincent et sa coopératrice, étonnés et charmés des succès rapides qu'obtenoit dans Paris l'institution des Filles de la Charité, donnèrent à cette immortelle fondation plus de développement. Leur premier objet n'avoit été d'abord que de soulager dans les paroisses les malades indigens ; mais Vincent vit bientôt que les sœurs pourroient rendre d'autres services à l'humanité. Il voulut compléter leur institution en les chargeant de l'éducation des enfans-trouvés, de l'instruction des jeunes filles pauvres, des soins d'un grand nombre d'hôpitaux et des criminels condamnés aux galères. D'après ces diverses destinations, il leur donna des règles générales et particulières, qui sont regardées comme un chef d'œuvre de sagesse. Elles sont basées sur l'amour de Dieu, modèle et source de toute charité. C'est en son nom que les sœurs doivent rendre aux pauvres vieillards, aux enfans, aux malades, aux prisonniers, tous les services que la charité peut inspirer : vivant et répandues dans le monde, il faut qu'elles y mènent une vie plus parfaite que celle des religieuses qui, dans leurs cloîtres, sont exposées à moins de dangers. « Elles n'ont ordinairement, dit le vénérable instituteur, pour monastères que les maisons des malades, pour cellule, qu'une chambre de louage ; pour chapelle que l'église de leur paroisse, pour cloître que les rues de la ville ou les salles des hôpitaux, pour clôture que l'obéissance, pour grille que la crainte de Dieu, et pour voile qu'une sainte et exacte modestie. »

Il ne leur prescrit ni le cilice, ni les autres austérités des cloîtres. Leur pénitence est tout entière dans l'exercice de leurs devoirs : se lever l'hiver et l'été à quatre heures du matin, faire deux fois par jour l'oraison mentale, vivre très-frugalement, ne boire du vin que dans les maladies qui pourroient en exiger, rendre aux malades les services les plus rebutans, les veiller tour à tour durant les nuits entières, ne compter pour rien l'infection des hôpitaux, braver les horreurs de la mort; telles sont les épreuves et les mortifications auxquelles il les soumet. Placées comme des sentinelles vigilantes dans le lieu du danger, elles doivent voler au premier cri des pauvres; assises à côté de son lit de souffrance, elles doivent, en soulageant les peines du corps, guérir celles de l'âme, préparer les voies au repentir; et pour prix de tant de dévouement, ne demander aux mourans qu'une mort chrétienne. Vincent leur recommandoit le plus grand respect pour elles-mêmes, afin de l'inspirer aux autres, surtout lorsque la charité les obligeoit à se répandre dans le monde pour y soigner des personnes d'un sexe différent. Il veut qu'elles aient les unes pour les autres cette habitude de bienveillance et de réserve, qui exclut la familiarité; que, dans leurs récréations comme partout ailleurs, elles s'abstiennent de légèretes puériles, des gestes, des discours, des jeux capables de les porter à trop de dissipation : qu'elles évitent l'oisiveté; non qu'il craigne pour elles ce vice dangereux, mais il veut, par cette recommandation, leur interdire des occupations qui, quoique très-louables par elles-mêmes, pouvoient les distraire de leur destination. Quant aux pratiques religieuses, il ne leur en prescrit que de simples et faciles; tous les exercices de piété devoient être subordonnés aux exercices de la charité.

Ce règlement et plusieurs autres semblables, après avoir été observés pendant plus de vingt années, furent approuvés par Jean-François de Paule de Gondi, cardinal de Retz, archevêque de Paris; cette approbation fut donnée le 18 janvier 1655 à Rome, où le prélat étoit exilé après les troubles de la Fronde, auxquels il avoit pris une si grande part. Dans ses lettres d'érection, il rendit à l'auteur de l'institution la justice qui lui étoit due; il mit la nouvelle compagnie sous l'obéissance de Vincent de Paul et de ses successeurs, les supérieurs-généraux de la congrégation de la Mission. Louis XIV confirma le même établissement par des lettres patentes, « où il déclare que son intention est de favoriser
» et d'appuyer toutes les bonnes œuvres qui
» sont pour la gloire de Dieu; qu'il a reconnu
» que la compagnie des Filles de la Charité est
» de ce genre; que ses commencemens ont été
» remplis de bénédictions, et ses progrès abon-
» dans en charité : qu'en conséquence, il les met
» sous sa protection et sa sauve-garde spéciales,
» avec tous les biens et fonds qui leur sont ou
» seront ci-après aumônés; qu'il leur confirme
» le bien que le roi son père leur a donné sur son

» domaine, et qu'enfin il leur permet de s'établir
» dans tous les lieux de son royaume où elles
» seront appelées pour le service des pauvres ou
» des hôpitaux. » Ainsi, par un singulier concours de circonstances, la plus belle fondation dont la France et l'humanité s'honorent, quoique établie sous un autre règne que celui de Louis XIV, a été reconnue et sanctionnée par ce grand roi, comme si tous les genres de gloire et de prospérités devoient lui appartenir.

Vincent n'admit d'abord dans la nouvelle congrégation que des filles pauvres, qui, par état autant que par vocation, ne vouloient être que les servantes de leurs semblables; mais, dans la suite, de jeunes personnes de condition ayant demandé avec instance à partager cet honorable dévouement, il ne crut pas que leur naissance et leur fortune dussent être des motifs d'exclusion; et après les avoir soumises à de longues épreuves, il les reçut parmi les sœurs. L'on vit alors, comme aujourd'hui, de jeunes filles, élevées dans le luxe et la mollesse, se dépouiller des parures pour se couvrir d'une modeste bure, quitter les salons dorés pour les hôpitaux, et renoncer à de nombreux domestiques pour devenir elles-mêmes d'humbles servantes. Vincent fut toujours attaché à cette institution comme à sa plus belle création. Le seul nom de servantes des pauvres attendrissoit, disent les historiens, ce père de tous les affligés. Jamais il ne redouta pour elles les dangers de toute espèce auxquels elles pouvoient être exposées. Il leur avoit ordonné d'être, dans leurs voyages, *des rochers* contre tout ce qui pourroit leur tendre des piéges. Il les envoyoit tantôt dans les armées, pour soigner dans leurs tentes, et presque sur les champs de bataille, les soldats blessés; tantôt au fond de la Pologne, sans craindre pour elles ce qu'il auroit redouté pour d'autres personnes de leur sexe et de leur âge. Il sembloit leur promettre que Dieu feroit des miracles en leur faveur plutôt que de les abandonner; voici un exemple de cette protection divine dont Paris fut témoin.

Une de ces dignes Filles de Vincent étant allée servir un malade dans une maison du faubourg Saint-Germain, à peine y fut elle entrée que tout l'édifice, quoique presque neuf, s'écroula de fond en comble; de trente personnes qui l'habitoient, toutes furent ensevelies sous les ruines. La sœur et un petit enfant furent seuls préservés, encore ce dernier fut-il blessé; le coin du plancher sur lequel la sœur se trouvoit ne tomba point, quoique tout le reste s'écroulât. Elle y resta immobile tenant à la main un pot de terre dans lequel étoit un potage pour le pauvre malade. Il semble que ce don de la charité l'avoit fait respecter d'une grêle de pierres, de poutres, de meubles, qui se précipitoient des étages supérieurs. La sœur sortit saine et sauve de cet amas de débris, au milieu des bénédictions de la foule que ce déplorable événement avoit attirée.

CHAPITRE XI.

Réformes à l'hôpital de l'Hôtel-Dieu de Paris. — Fondation d'un séminaire au collége des Bons-Enfans. — Missions dans les Cevennes.

L'INSTITUTION des Filles de la Charité donna naissance à un autre établissement qui ne fit qu'accroître l'influence et les bienfaits de Vincent. A son retour d'un voyage à Beauvais, où l'évêque l'avoit appelé, et où il laissa aux religieuses Ursulines de cette ville une ordonnance empreinte de sa sagesse, la présidente Goussault lui proposa une bonne œuvre qu'elle méditoit depuis long-temps. Veuve, riche et belle, elle pouvoit trouver dans un second mariage tous les avantages qu'on recherche dans le monde; mais elle les dédaigna pour se consacrer au soulagement de l'infortune. Dans ses fréquentes visites aux malades de l'Hôtel-Dieu, elle avoit remarqué avec douleur que ces malheureux manquoient de secours de plus d'un genre; que cet hôpital recevoit tous les ans vingt-cinq mille personnes de tout sexe, de tout âge, de toute nation et de toute religion, et elle pensa qu'on y feroit assurément une moisson abondante si on y introduisoit une salutaire réforme.

Vincent savoit très-bien qu'il régnoit des abus dans l'administration de l'Hôtel-Dieu, mais il savoit aussi qu'il est des maux qu'il faut souffrir, surtout quand leur extirpation précipitée pourroit en faire naître de plus grands. Il se contenta de répondre à la présidente que cet hospice étoit administré par des hommes qu'il estimoit comme très-sages; qu'il n'avoit ni caractère ni autorité pour détruire des abus qui pouvoient exister là, comme dans toutes les institutions humaines, et qu'il ne lui convenoit pas de mettre la faux dans la moisson d'autrui. Cette réponse, où l'on reconnoît l'esprit de circonspection, qui dirigea toujours Vincent, ne satisfit pas la présidente. Elle persista dans son projet de réforme, et lui, dans le refus de le seconder. Devenue plus ardente par les obstacles que la sagesse lui opposoit, la présidente fit une visite à l'archevêque de Paris, lui parla d'une manière si pressante et si pathétique que le prélat ordonna à Vincent de donner tous ses soins à ce grand ouvrage. N'ayant plus qu'à obéir, le pieux prêtre invita plusieurs dames d'une naissance et d'une vertu éminentes, à se rendre un jour chez la présidente. Cette première assemblée fut composée des dames de Ville-Savin, de Bailleul, du Mecq, de Sainctot, de Pollallion, fondatrice du séminaire de la Providence. L'importance de l'entreprise fut retracée par le père des pauvres avec tant de force et d'onction, que toutes résolurent de s'y livrer. Une seconde assemblée, où le même sujet fut traité avec la même ardeur de zèle, fut plus nombreuse que la première; on y vit Élisabeth d'Aligre, femme du chancelier, Anne l'eteau de Traversai, et Marie Fouquet, mère du surintendant des finances, la même qui, en apprenant la disgrâce de son fils, s'écria avec une résignation sublime : *Je vous remercie, ô mon Dieu! je vous ai toujours demandé le salut de mon fils, en voilà le chemin.*

Dans cette seconde assemblée, on ne délibéra pas, on agit. Trois officières furent nommées, savoir : une supérieure de l'œuvre, une assistante et une trésorière. La première de ces deux fonctions appartenoit à la présidente : elle lui fut donnée à l'unanimité. Vincent fui établi directeur perpétuel. Il recommanda vivement à ses pieuses collaboratrices de faire le plus de bien qu'elles pourroient, sans reprocher aux administrateurs de ne l'avoir pas fait; de procéder aux heureuses innovations qu'elles se proposoient, à la vue de ceux qui voudroient en être témoins et y contribuer. Il veilla à ce qu'elles ne parussent jamais à l'hospice qu'en habits simples et modestes et qu'elles ne fissent point parade de leur savoir. Il poussa l'attention sur ce point jusqu'à faire imprimer un petit livre qui renfermoit celles des vérités chrétiennes dont la connoissance est plus essentielle. Lorsqu'elles faisoient des exhortations aux malades, elles devoient avoir toujours ce livre à la main, pour qu'on sût bien qu'elles ne disoient rien d'elles-mêmes. Plus elles témoignoient de bonne volonté et d'ardeur, plus il reconnut nécessaire de diriger et de modérer leur zèle. Les avis de ce sage directeur furent écoutés, et produisirent leurs fruits ordinaires : la douceur, les manières aimables des Dames, leurs prévenances gagnèrent les cœurs des religieuses de l'Hôtel-Dieu, qui ne virent dans elles que d'utiles auxiliaires plutôt que des réformatrices. Elles parcoururent librement les salles, pour connoître les pauvres et en être connues. Elles leur firent entendre la voix de la religion, si douce dans la souffrance ; devenues confidentes de leurs peines, elles les disposèrent à se réconcilier avec Dieu. Des directeurs éclairés, sachant parler différentes langues, furent attachés à l'hospice. On supprima un abus qui produisoit beaucoup de sacriléges, celui d'exiger des malades qu'ils se confessassent en entrant.

Aux secours spirituels, les Dames joignirent tous ceux qu'exigeoient les besoins du corps. D'après les conseils de Vincent, qui leur inspiroit toute sa bienveillance pour les pauvres, elles louèrent, auprès de l'Hôtel-Dieu, une maison où les Sœurs de la Charité préparoient le déjeuné et la collation d'un millier de malades. Il fut décidé, dans une assemblée qui se tint à cet effet, que, le matin, on donneroit des bouillons au lait à ceux qui pourroient en prendre ; que l'après-midi, on leur serviroit du pain blanc, des biscuits, des confitures, de la gelée, des cerises, des raisins, selon la saison et le degré de convalescence ; que, pendant l'hiver, on leur porteroit des citrons, des fruits cuits et des rôties au sucre, que les Dames qui, à tour de rôle, seroient députées pour aller à l'Hôtel-Dieu, se feroient un honneur de présenter de leurs propres mains ces petites douceurs à ceux qui en avoient besoin.

Dans la vue de ménager leurs forces, dont la conservation étoit si précieuse à l'humanité, Vincent fit, deux ans après l'établissement de la compagnie, un règlement qui les soulagea beaucoup, sans faire tort aux malades. Jusqu'alors les mêmes personnes qui les avoient servis étoient chargées de les instruire et de les préparer à la mort. Il crut devoir partager ces deux emplois; toujours de concert avec les Dames, il indiqua une nouvelle assemblée, où elles se trouvèrent toutes. Il y proposa ses raisons qui furent agréées; on régla que désormais les Dames de Charité seroient distribuées en deux classes; que les unes serviroient les pauvres, pendant que les autres travailleroient à les instruire; que, tous les trois mois, on en nommeroit quatorze pour cette double fonction; que deux de ce nombre iroient chaque jour de la semaine à l'Hôtel-Dieu; qu'aux Quatre-Temps de l'année, on feroit une nouvelle élection; que celles qui sortiroient de charge feroient à l'assemblée un rapport simple et fidèle du succès de leurs travaux et de la manière dont elles s'y seroient prises pour les faire réussir, afin que ce qu'il y auroit de bon servît de règle, et donnât de la confiance et du courage à celles qui leur succéderoient.

La ville et la cour virent avec attendrissement et admiration des dames du plus haut rang et habituées à toutes les délicatesses de la vie, devenir, sous la conduite de Vincent, d'humbles infirmières. Mais qui pourroit peindre la surprise et la reconnoissance des malades? Un grand nombre d'entre eux ne crurent pouvoir mieux témoigner leur gratitude qu'en ouvrant leur cœur à la voix d'une religion qui inspiroit ces prodiges de charité. On compte que, la première année de cet établissement, plus de sept cents infidèles et protestans, dont la plupart avoient été pris et blessés dans des combats sur mer, voulurent entrer dans le sein de la religion de leurs bienfaitrices. On étoit si généralement persuadé à Paris qu'une sorte de bénédiction étoit attachée aux travaux et aux soins de la nouvelle compagnie, qu'une riche bourgeoise demanda et obtint d'être reçue à l'Hôtel-Dieu, en payant très-largement sa dépense, à condition qu'elle seroit assistée dans sa maladie comme l'étoient actuellement les pauvres de la maison.

Pour opérer tant de biens, les Dames de l'Hôtel-Dieu ne dépensoient que 7000 francs par an; mais ce ne fut là que le prélude des sacrifices que la piété leur imposoit volontairement. Nous verrons, dans la suite de cette histoire, toutes les grandes entreprises exécutées par elles, sous l'inspiration de Vincent; la fondation de l'hôpital-général de Paris et celui de Sainte-Reine; l'asile ouvert aux enfans trouvés; la maison de la Providence pour les filles et les femmes repentantes; les secours envoyés non-seulement en France, mais dans toutes les parties du monde, pour l'entretien des ministres de l'Évangile, pour la rédemption des captifs, l'érection de plusieurs églises, et les missions étrangères dans la Chine et le Tonquin. Tant de monumens, que nous ne faisons qu'indiquer ici, et qui honorent le dix-septième siècle, tant rabaissé par de modernes détracteurs, vont remplir le reste de la carrière de Vincent.

Ces grands travaux qui, pour tout autre que l'instituteur des Prêtres de la Mission, eussent été les seules occupations d'une longue vie, n'étoient pour lui que d'utiles distractions, qui ne déroboient rien à l'exécution de deux grands desseins auxquels il s'étoit consacré : la réforme du clergé, et l'instruction des peuples de la campagne. Ce qu'il avoit déjà fait pour les jeunes ecclésiastiques qui étoient près de recevoir les ordres sacrés, ne lui paroissant pas suffisant pour donner à l'Église de bons prêtres, il voulut les former de bonne heure aux devoirs de leur état. Dans cette vue, il établit au collége des Bons-Enfans un séminaire sur le plan du concile de Trente, à qui l'Église est redevable d'avoir fait revivre les règles de la discipline et les principes d'une grande réforme dans le clergé. Vincent reçut donc un grand nombre de clercs de douze à quatorze ans, dont ses prêtres firent l'éducation. On leur apprenoit le chant, les cérémonies religieuses, en leur inspirant toutes les vertus de l'état qu'ils devoient embrasser. Chacun de ces

jeunes lévites pouvoit dire comme Joas dans
Athalie :

>...... Quelquefois à l'autel,
> Je présente au grand-prêtre ou l'encens ou le sel
> J'entends chanter de Dieu les grandeurs infinies;
> Je vois l'ordre pompeux de ses cérémonies.

Quant aux missions dans les campagnes, Vincent les multiplioit à mesure que le nombre de ses prêtres augmentoit. Il les répandit peu à peu dans les provinces du royaume, choisissant de préférence celles où l'erreur avoit fait le plus de ravages. C'est ainsi qu'il voulut que deux de ces missionnaires travaillassent, pendant deux années entières, dans le diocèse de Montauban. Les catholiques furent maintenus dans la foi; beaucoup de calvinistes y rentrèrent. Trois ou quatre ans après, les missionnaires obtinrent les mêmes succès dans les diocèses de Bordeaux et de Saintes. Comme ils évitoient soigneusement dans leurs sermons tout ce qui pouvoit sentir la dispute, qu'ils n'y mêloient ni aigreur ni intolérance, beaucoup de protestans venoient les entendre et embrassoient une religion enseignée par des hommes si charitables et si éclairés. Ceux qui résistoient à cette double influence ne pouvoient s'empêcher de rendre au zèle et à la capacité des missionnaires les plus honorables témoignages. Ils les appeloient, de concert avec les catholiques, les hommes de la primitive Église.

Tant de succès éclatans, qui étoient annoncés à Vincent par les prélats, les curés, les seigneurs des paroisses, lui donnoient à la fois de la joie et de l'inquiétude. Il craignoit que l'humilité de ses prêtres ne s'affoiblît, et qu'ils n'attribuassent à leur seul mérite des conversions qui appartenoient au dispensateur de toutes les grâces. Tout en les félicitant de leurs paisibles conquêtes, il les exhortoit sans cesse à en réserver toute la gloire à Dieu, dont ils n'étoient que les foibles instrumens. « Reconnoissons, » écrivoit-il à l'un d'eux, qui faisoit des prodiges dans une mission à Mortagne, « qu'une grâce si abondante vient de » Dieu; mais n'oublions pas qu'il ne la continue » qu'aux humbles et à ceux qui reconnoissent, en » sa présence, que tout le bien qui se fait par » eux vient de lui. Humiliez-vous donc, Mon- » sieur, et humiliez-vous beaucoup, en voyant » que Judas avoit eu plus de grâces et qu'il avoit » fait plus de choses que vous, et qu'il s'est néan- » moins perdu en tout cela. Eh! que servira à » l'homme le plus apostolique et au plus grand » prédicateur du monde d'avoir fait retentir dans » une province le son de sa voix, et d'avoir con- » verti plusieurs centaines d'âmes, si, avec ou » après tout cela, il se perd lui-même »? Ce n'est pas, ajoutoit Vincent, toujours attentif à adoucir ce que les avis les plus sages peuvent avoir d'amer, « ce n'est pas que j'aie aucun sujet de » craindre pour vous une vaine complaisance; » mais c'est afin que, si elle vous attaque, comme » elle le fera sans doute, vous la rejetiez avec » beaucoup d'attention et de promptitude, pour » honorer les humiliations de Notre Seigneur. »

C'est ainsi que ce digne supérieur travailloit au salut de ses prêtres, tandis que ses prêtres travailloient au salut des peuples. Il ne manquoit pas non plus d'aller partager leurs travaux toutes les fois que les grandes affaires dont il se trouvoit chargé lui en laissoient le temps. Il devoit accompagner ses missionnaires dans les Cevennes, où ils étoient appelés depuis long-temps par les évêques d'Alais, de Mende, et des diocèses voisins.

Les montagnes des Cevennes étoient alors un des boulevards du calvinisme; la révolte y avoit éclaté plus d'une fois. Louis XIII en personne y avoit attaqué et dispersé les rebelles; mais la cause du mal n'étoit pas détruite. On voulut obtenir de la persuasion ce que la force des armes n'avoit pu obtenir : les missionnaires remplacèrent les soldats. Sylvestre de Marcillac, évêque de Mende, demanda à Vincent le secours de sa sainte milice, qui, loin de répandre le sang humain, donnoit le sien pour la paix et le bonheur des hommes. Des missionnaires partirent donc pour les Cevennes; Vincent comptoit se mettre à leur tête, lorsqu'une chute dangereuse l'en empêcha. Avant leur départ, il fit connoître par une lettre à un de ses prêtres nommé Ducoudray, qui étoit à Rome, qu'à son avis il n'y avoit ni science, ni talent qui valût devant Dieu le travail d'une simple mission de campagne.

Ce prêtre savoit parfaitement les langues

syriaque et hébraïque : des personnes de considération et très-attachées à Vincent, l'engagèrent à donner une nouvelle version latine du texte syriaque, dans l'espérance que cet ouvrage feroit honneur à l'institut naissant, et seroit utile à l'Église. On vouloit encore qu'il écrivît contre les juifs, et que, pour les combattre avec plus de succès, il se servît de leurs propres livres, qu'il entendoit mieux que leurs rabbins. Ducoudray écouta volontiers ces deux propositions; mais, avant de promettre, il voulut savoir ce qu'en pensait son supérieur. L'humble, le charitable Vincent le supplia de renoncer à ce travail. Il lui représenta que ces sortes d'écrits nourrissent la curiosité des savans, mais qu'ils ne servent de rien au salut du pauvre peuple, auquel la Providence l'avoit destiné; que des besoins plus pressans l'appeloient ailleurs qu'à Rome; qu'en France des milliers d'hommes lui tendoient les bras, et lui disoient de la manière la plus touchante : « Hélas! Monsieur, vous avez été choisi de Dieu pour contribuer à notre salut : ayez donc pitié de nous; depuis long-temps nous croupissons dans l'ignorance et le péché ; nous n'avons besoin, pour en sortir, ni de versions syriaques, ni de versions latines. Votre zèle et le mauvais jargon de nos montagnes, nous suffiront; sans cela, nous sommes en grand danger de nous perdre. »

Il semble entendre l'apôtre des Indes écrivant à l'université de Paris. Vincent ne permit jamais à ses prêtres de se faire un nom dans les lettres.

et les sciences, il ne permit jamais qu'ils livrassent leurs ouvrages à l'impression.

Les missions des Cevennes furent aussi heureuses qu'elles avoient été difficiles. Les prêtres de Vincent bravèrent, pendant plus de deux ans, tous les obstacles que des mœurs grossières et le climat leur opposèrent dans un pays presque inaccessible, surtout pendant l'hiver. Leur constance ne fut point ébranlée, parce qu'elle fut soutenue par les exhortations de Vincent, qui leur mandoit qu'un prêtre, qui prétend autre chose de ses travaux que la honte, l'ignominie et la mort même, n'est pas disciple de Jésus-Christ. Pour les consoler, il ajoutoit : Que plus les commencemens d'une mission sont difficiles, plus, ordinairement, les fruits en sont abondans, qu'à la fin la tristesse étoit changée en joie.

Il adressa une forte réprimande à un de ses prêtres qui, fort de la supériorité que ses talens et la bonté de sa cause lui donnoient sur les Protestans, les avoit traités avec une espèce de mépris et étoit même allé jusque dans leur prêche les provoquer à la dispute. L'évêque de Mende le remercia plus d'une fois du grand bien que ses enfans avoient produit dans son diocèse. « J'estime plus, lui disoit-il, ce que les vôtres ont fait dans mes paroisses, que cent royaumes. Je suis dans une satisfaction parfaite de voir que tous mes diosésains se tournent vers la religion, et que mes curés tirent de grands profits des conférences que vos prêtres établissent avec succès et bénédiction. » Le même évêque lui mandoit l'année suivante, qu'ayant visité les paroisses au moment des Missions, il avoit reçu l'abjuration de quarante protestans, qu'un pareil nombre alloit suivre bientôt cet exemple ; en un mot, que la dernière Mission avoit produit des fruits incroyables. Dans le même temps, d'autres missionnaires furent envoyés dans l'Auvergne, le Velay et le Valentinois. Ils travaillèrent conjointement avec les jésuites, et dans les mêmes lieux où avoit évangelisé Jean-François Régis, qui est regardé comme le missionnaire et l'apôtre du Vivarais. Le zèle pour les Missions n'animoit pas seulement la congrégation de Vincent ; plusieurs corps anciens et nouveaux s'y livroient alors ; on ne vit jamais, de part et d'autre, ombre de jalousie ; une douce confraternité unissoit ces diverses associations. Quand les ministres de l'Évangile ne cherchent que la gloire de leur commun Maître, ils veulent que tout Israel soit prophète.

CHAPITRE XII.

La maison de Saint-Lazare est transformée en place d'armes.—Vingt missionnaires se rendent à l'armée de Picardie.—Le commandeur de Sillery.

Les Espagnols avoient fait une irruption en Picardie ; la Capelle, le Catelet et Corbie étoient tombés en leur pouvoir. La prise de cette dernière place avoit jeté l'alarme dans la capitale ; déjà ses habitans consternés se réfugioient au-delà de la Loire, emmenant leurs femmes, leurs enfans et leurs meubles les plus précieux. On murmuroit généralement contre Richelieu, qu'on accusoit d'avoir manqué de prévoyance. On s'attendoit à voir bientôt l'ennemi dans Paris. Richelieu, qui comptoit sur la longue résistance de Corbie, dont le commandant paya de sa tête sa lâcheté ou sa trahison, Richelieu rentre dans Paris, flatte le peuple, affecte une grande tranquillité, ramène la confiance en prenant toutes les mesures nécessaires pour arrêter les progrès de l'ennemi. Une armée de vingt mille hommes est levée et équipée par les Parisiens, qui offrent plus qu'on ne leur demande. La crainte et le dévouement multiplient les dons à la patrie.

Vincent fut des premiers à porter son offrande : la maison de Saint-Lazare fut changée en place d'armes où l'on exerça les soldats nouvellement enrôlés. Le bûcher, les salles, les cours, l'ancien cloître des religieux, tout étoit plein de gens de guerre. Ce saint jour de l'Assomption, dit Vincent, dans une lettre qu'il écrivit à un de ses prêtres, qui faisoit, avec M. Ollier, des Missions en Auvergne, « ce saint jour n'est pas exempt de ces embarras tumultueux; le tambour commence d'y battre, quoiqu'il ne soit encore que sept heures du matin, et, depuis huit jours, il s'est dressé ici soixante-douze compagnies. Malgré ce fracas, ajoutoit Vincent, toute notre communauté ne laisse pas de faire sa retraite, à l'exception de trois ou quatre qui sont sur le point de partir et de s'en aller au loin. » Les missionnaires partagèrent avec joie leurs cellules avec les soldats; mêlés dans leurs rangs, ils leur disoient : « *Dieu et le Roi*, voilà les noms sacrés » et inséparables qui ont conduit vos pères, et » vous conduiront toujours à la victoire. »

Cette conduite éminemment française de Vincent, engagea le chancelier à lui donner ordre d'envoyer vingt missionnaires à l'armée; ils se mirent de suite en marche, et firent toute diligence, parce que le bruit s'étoit répandu qu'une maladie contagieuse affligeoit les troupes. Vincent leur ordonna de suivre à l'armée, autant qu'ils le pourroient, l'ordre qu'ils suivoient à Saint-Lazare, surtout pour les heures du lever et du coucher; il leur prescrivit le silence aux heures accoutumées, et surtout à l'égard des af-

faires d'État. La peste est dans l'armée, écrivit Vincent à un des siens qu'il avoit laissé à Senlis auprès du Roi : « Allez donc dans le même es-
» prit que saint François Xavier alloit aux Indes,
» et vous remporterez, comme lui, la couronne
» que Jésus-Christ vous a méritée par son sang
» précieux, et qu'il vous donnera, si vous honorez
» sa charité, son zèle, sa mortification et son
» humilité. »

Le missionnaire vola aux avant-postes pour combattre ce nouveau fléau; ses compagnons et lui se conduisirent au camp, comme dans les églises des villages. Le 20 septembre 1736, il y avoit déjà quatre mille soldats qui s'étoient approchés du tribunal de la pénitence, avec une grande *effusion de larmes;* on remarqua qu'ils furent les plus vaillans dans les combats qui se donnèrent quelques jours après. Cette Mission ambulante et militaire, qui campoit et décampoit presque tous les jours, ne servit pas seulement aux troupes du Roi; elle fut encore utile à un grand nombre de paroisses où l'armée séjournoit, et qui, avec l'agrément des évêques, profitèrent de la présence des missionnaires. L'armée française, quoique composée de nouvelles troupes, fit des prodiges de valeur; Corbie, que les Espagnols avoient fortifiée autant qu'ils avoient pu, capitula après huit jours de tranchée ouverte. La reddition de cette place porta dans la Flandre l'alarme répandue quelques jours auparavant en France; la Picardie respira, et la capitale recouvra toute sa sécurité. Les prêtres de la Mission revinrent modestes comme avant la victoire, mais accablés de fatigues ; quelques-uns étoient attaqués de la maladie contagieuse qu'ils avoient gagnée en voulant en délivrer nos soldats : mais Dieu les conserva à son Église, pour lui rendre de nouveaux services dans de nouvelles Missions, et surtout dans celles qui se firent à la prière du commandeur de Sillery.

Ce seigneur s'étoit fait beaucoup d'honneur dans les ambassades d'Italie, d'Espagne, et dans plusieurs négociations importantes. Commandeur de l'ordre de Malte, il brilloit à la cour, et dans le monde, de tout l'éclat de ses dignités et de ses talens, lorsque tout à coup, renonçant à ces avantages, il ne vit plus que vanité et affliction d'esprit dans tout ce qui l'avoit enchanté jusqu'alors. Résolu de consacrer à son salut tout le temps qui lui restoit à vivre il fit part de cette résolution à Vincent, qui lui donna les conseils les plus salutaires ; il quitta un magnifique hôtel, congédia ses domestiques, après les avoir récompensés à proportion de leurs services; vendit ses meubles les plus riches pour en consacrer le prix à diverses œuvres de charité. Sa ferveur croissant avec les années, il se proposa d'entrer dans les saints ordres; Vincent, à qui il s'en ouvrit, ne crut pas devoir s'y opposer. Pour se rendre plus digne du sacerdoce, le commandeur voulut que les curés et les religieux, qui en France dépendoient de l'ordre de Malte, connussent et remplissent mieux les devoirs de leur état. Dans ce dessein, après s'être concerté avec Vincent, il se fit donner, par le grand-maître de Malte, commission de visite, avec pouvoir de rétablir la discipline. Les missionnaires l'accompagnèrent dans cette tournée, et la rendirent doublement profitable. Tandis que le peuple étoit instruit des vérités de la Religion, les curés étoient ramenés à toute la dignité de leur ministère, dans des conférences auxquelles présidoit le zèle tempéré par les plus sages ménagemens.

Le pieux commandeur, animé par ces heureux succès, et voulant les rendre durables, établit un séminaire à Paris dans la maison du Temple, où l'on devoit recevoir tous ceux qui voudroient se consacrer à la Religion, se pénétrer de leur vocation, et se mettre à même de faire dans les cures, où ils seroient envoyés, tout le bien que l'on devoit en attendre. Vincent fit quelque séjour au Temple : mais on ne suivit pas les conseils de sa sagesse; on voulut tout faire en un jour, et on ne fit rien; le commandeur reconnut trop tard la fausse route dans laquelle on l'avoit engagé; il redoubla d'estime et d'affection pour l'instituteur des Missions, fonda le séminaire d'Annecy, et pourvut à la subsistance de la maison de Saint-Lazare, que les malheurs des temps avoient réduite à l'extrémité. Vincent lui rendit à sa mort tous les bons offices d'un ami et d'un saint prêtre. Le grand-maître de Malte, Paul Lascaris lui témoigna toute la reconnoissance de son ordre dans la lettre suivante, qu'il lui écrivit le 7 septembre 1636 : « Monsieur, on m'a donné avis que le vénérable bailli de Sillery vous avoit choisi pour lui aider à faire la visite des églises et paroisses qui dépendent du grand prieuré, à quoi vous avez déjà commencé à employer vos soins et vos fatigues ; ce qui me convie à vous en faire, par ces lignes, de bien affectionnés remercîmens, et à vous en demander la continuation, puisqu'elle n'a d'autre objet que l'avancement de la gloire de Dieu, et l'honneur et la réputation de cet ordre. Je supplie, de tout mon cœur, la bonté de Dieu de vouloir récompenser votre zèle et votre charité de ses grâces et bénédiction, et de me donner le pouvoir de vous témoigner combien je me reconnois, votre, etc. »

Le grand-maître Lascaris de Malte.

Il reçut, dans le même temps, une autre lettre qui ne lui fut pas aussi agréable : elle étoit du fameux abbé de Saint-Cyran, intime ami et chaud défenseur de Jansénius, qui a tant divisé les amis de la Religion. Vincent, dont l'adhésion aux erreurs nouvelles eût été d'un si grand poids, les combattit au contraire avec autant de fermeté que de sagesse : son premier ministère étoit de répandre la vérité, et il devoit repousser des opinions qui ne tendoient à rien moins qu'à introduire le schisme dans l'Église. Pendant ces démêlés affligeans, le cours de tant de bonnes œuvres commencées ne fut pas interrompu. Vincent fit cette même année la visite de deux monastères des religieuses de la Visitation, dont saint François de Sales lui avoit confié la direction; l'ordre, la paix, la véritable piété qu'il vit régner dans ces deux maisons, dont l'une étoit située rue Saint-Antoine, et l'autre rue Saint-Jacques, le consolèrent un peu des funestes divisions de l'Église de France.

CHAPITRE XIII.

Séminaire interne à Saint-Lazare. — Règles sur lesquelles il fut établi. — Badinage et trait d'esprit d'un missionnaire. — Mission à Saint-Germain. — Enfance de Louis XIV.

Les missionnaires étoient demandés avec instance par toutes les provinces du royaume; Vincent avoit été obligé d'en envoyer à Toul en Lorraine; la duchesse d'Aiguillon en désiroit depuis long-temps pour ses terres; le cardinal de Richelieu, dont les prières étoient des ordres honorables, en vouloit pour Richelieu, et pour le diocèse de Luçon, dont il avoit été évêque. Tant de sollicitations pressantes forcèrent l'instituteur de la nouvelle congrégation à renoncer au dessein qu'il avoit de ne pas l'étendre; il fallut songer à remplir les vides que tant de Missions différentes mettoient dans ses rangs, et il ne trouva pas de meilleur moyen que celui de former une pépinière de jeunes ecclésiastiques qui, après avoir été éprouvés et exercés pendant plusieurs années, fussent en état de perpétuer l'ouvrage de leurs prédécesseurs. Un séminaire interne fut donc établi à Saint-Lazare. Pour le diriger il fallait un homme vertueux, capable, doux sans mollesse, ferme sans dureté, vigilant sans affectation, corrigeant sans aigreur, possédant surtout le talent de bien connoître les esprits et les caractères; Vincent trouva toutes ces qualités réunies dans la personne de Jean de la Salle, l'un des trois premiers prêtres qui s'étoient associés à lui pour travailler aux Missions des campagnes. Il le chargea du soin de la précieuse milice destinée à combattre un jour pour le salut des peuples; non content des avis salutaires qu'il lui donna, il voulut consulter l'ordre célèbre, qui passoit dès lors, à juste titre, pour le plus habile à élever la jeunesse. Un de ses prêtres fut envoyé par lui au noviciat des Jésuites pour en suivre les exercices pendant quelque temps, et en rapporter la méthode et la conduite.

Vincent se fit toujours une règle inviolable de ne jamais engager personne à entrer dans son institut; il défendit toujours aux siens de faire des prosélytes : « Laissons agir Dieu, Messieurs, disoit-il dans une conférence; tenons-nous humblement dans l'attente et dans la dépendance des ordres de sa providence; par sa miséricorde, on en a usé jusqu'à présent de cette sorte dans la compagnie, et nous pouvons dire qu'il n'y a rien en elle que Dieu n'y ait mis, et que nous n'avons recherché ni hommes, ni biens, ni établissemens. » Son désintéressement à cet égard étoit si connu, que les religieux de Saint-Bruno, et d'autres communautés, exigeoient de leurs postulans qu'ils passassent quelques jours à Saint-Lazare. Détourner quelqu'un d'entrer dans un ordre auquel il étoit appelé, lui eût paru un vol et presque un sacrilége : « Ce seroit, disoit-il, » prendre ce que Dieu ne nous donne pas ; aller » contre sa volonté sainte, et attirer sur nous sa » colère et son indignation. » Il poussoit sur ce point l'attention et même le scrupule si loin qu'ayant un jour reçu une lettre d'un de ses prêtres pour la faire tenir à un ecclésiastique, qui joignoit à beaucoup de vertus beaucoup de talens pour les Missions, et qui, en plusieurs occasions, avoit témoigné de l'inclination pour ce genre de travaux, non seulement il ne la lui envoya pas, mais il se plaignit à celui qui l'avoit écrite, de ce que, contre la pratique constante de la congrégation, il obligeoit quelqu'un d'y entrer : « C'est au Père de famille, lui dit-il, à » se choisir des ouvriers ; c'est à nous à prier le » Seigneur qu'il envoie dans sa moisson des hom- » mes capables d'en faire la récolte, et de l'autre, » à nous efforcer de vivre si bien, que, par nos » exemples, nous leur donnions de l'attrait pour » travailler avec nous, si Dieu les y appelle. »

Quant à ceux qui, ayant une volonté bien déterminée, venoient le prier de les admettre au nombre de ses enfans, il ne les recevoit qu'avec la plus grande réserve. Il leur demandoit s'ils se sentoient assez de forces pour dire un éternel adieu à leurs parens, à leurs amis les plus chers, dans le cas qu'ils fussent envoyés dans des missions lointaines. Les réponses les plus positives, qui souvent ne coûtent rien à la jeunesse sans expérience, ne lui suffisoient pas. Il continuoit à les éprouver pendant long-temps; il les faisoit examiner par ses plus anciens prêtres. Pendant le noviciat, qui duroit deux ans, il n'imitoit pas ceux qui n'offrent que des fleurs aux néophytes, et ne leur découvrent les épines que lorsqu'ils ne peuvent plus les arracher. La règle de son séminaire n'avoit rien au-dessus des forces humaines; mais elle faisoit sentir tout le poids des obligations qu'on vouloit s'imposer: on n'y prescrivoit ni cilice, ni haire, ni discipline, ni d'autres jeûnes que ceux observés par le commun des fidèles; mais on y exigeoit une grande séparation du monde, beaucoup d'humilité, de recueillement, de vigilance sur soi, d'égards pour les autres et de fidélité à tous ses devoirs.

« Il faut, disoit à ce sujet le sage instituteur,
» il faut qu'un homme, qui veut vivre en com-
» munauté, s'attende et se détermine à vivre
» comme un étranger sur la terre; qu'il oublie
» tout pour Jésus-Christ; qu'il change de mœurs,
» qu'il réprime toutes ses passions, qu'il cherche
» Dieu purement, qu'il s'assujettisse à un chacun
» comme le dernier de tous; qu'il se persuade
» qu'il est venu pour servir et non pour gouver-
» ner, pour souffrir et non pour mener une vie
» commode, pour travailler et non pour vivre
» dans l'oisiveté et l'indolence; il doit savoir que
» l'on y est éprouvé comme l'or dans la four-
» naise; qu'on ne peut y persévérer qu'en s'hu-
» miliant pour Dieu, et que le vrai moyen d'y
» être content, c'est de ne s'y nourrir que du
» désir et de la pensée du martyre. Après tout,

» y a-t-il rien de plus raisonnable que de se con-
» sumer pour celui qui a si libéralement donné
» sa vie pour nous ! Si le Fils de Dieu nous a
» aimés jusqu'à donner son âme pour la nôtre,
» pourquoi ne serons-nous pas dans la même dis-
» position de faire la même chose pour lui, si
» l'occasion s'en présente? On voit tous les jours
» des marchands qui, pour un gain médiocre,
» traversent les mers, et s'exposent à une infinité
» de dangers. Aurons-nous moins de courage
» qu'ils n'en ont? Les pierres précieuses qu'ils
» vont chercher valent-elles mieux que les âmes
» qui sont l'objet de nos soins, de nos travaux et
» de nos courses ? »

Les premières études étoient celles de nos anciens colléges. Puis on passoit à la philosophie; le cours étoit terminé par la théologie. On n'y épousoit les sentimens d'aucune école. La grande règle étoit de n'y regarder jamais comme vrai ce que l'Église condamne, et d'y réprouver tout ce qu'elle défend. On instruisoit les novices du dogme et de toutes les parties de la morale qu'ils devoient annoncer aux peuples; mais on leur interdisoit toutes ces vaines connoissances qui égarent l'esprit plus qu'elles ne l'éclairent, et excitent toutes les tempêtes de la vanité. Personne n'a poussé plus loin que Vincent la prévoyance sur ce point. Lorsqu'il fut chargé de la direction des séminaires, il défendit qu'aucun des siens y dictât des cahiers : il vouloit que, lorsqu'ils assistoient aux séances publiques de l'Université, ils s'y regardassent toujours comme les derniers.

Ses historiens nous ont conservé un trait remarquable de cette humilité qu'il pratiquoit si bien, et qu'il vouloit toujours inspirer aux autres.

Le missionnaire Jacques de Lafosse, ce rival de Santeuil, qu'on peut appeler justement le poète lyrique de l'Église de France et de toute la catholicité, assistant un jour à une tragédie représentée dans un de nos plus célèbres colléges de Paris, s'avisa de prendre une place qui ne lui étoit pas destinée. Le principal lui fit dire par un domestique de se mettre ailleurs. De Lafosse, que l'appareil du spectacle avoit mis en verve, lui dit en beau latin, que ce valet n'entendit pas, qu'il se trouvoit bien là, et qu'il ne jugeoit pas à propos d'en sortir. Sur ce rapport, le principal le prit pour un prêtre écossais, et lui envoya un jeune régent qui lui fit en latin le compliment qu'il avoit déjà essuyé en français. De Lafosse, qui savoit le grec comme Démosthènes, lui répondit, en cette langue, des choses fort polies, mais qui lui exprimoient le désir qu'il avoit de ne pas déloger. Le jeune professeur, qui n'étoit pas d'âge à en savoir tant, le prit pour un solitaire fraîchement arrivé du mont Liban, et le désigna ainsi au principal. Celui-ci, fatigué de cette résistance qui dérangeoit ses dispositions, lui députa le régent de rhétorique; mais Lafosse lui parla hébreu. Ce fut alors qu'un savant de la réunion le reconnut, et le fit placer avec toute la distinction due à son mérite. En rentrant à Saint-Lazare, de Lafosse s'empressa de raconter à ses amis, avec tous les agrémens de son esprit, cette aventure qui l'avoit beaucoup diverti. Vincent en fut informé; et, quoiqu'il vît bien qu'il y avoit dans le procédé de ce jeune prêtre, plus de saillie d'imagination que d'orgueil, il crut devoir le réprimander légèrement. Après lui avoir représenté que l'homme vraiment modeste ne cherche ni les premières places, ni à faire parler de lui dans les assemblées, il lui donna ordre d'aller demander pardon au principal et aux régens, auxquels il avoit répondu si singulièrement. Ce savant missionnaire, que sa naissance et ses talens n'enorgueillirent jamais, obéit sans réplique. Heureusement il avoit affaire à gens qui se connoissoient en mérite, et il en fut reçu avec toute sorte d'égards !

Outre cette humilité profonde, Vincent possédoit le rare talent de soutenir, d'animer ses élèves dans les plus grands travaux. Il ne leur prodiguoit pas les éloges, et cependant il savoit faire naître parmi eux la plus généreuse émulation. Ils étoient d'ailleurs intimement persuadés de l'affection qu'il avoit pour eux. C'est surtout dans les persécutions, dans les maladies, que cette affection se manifestoit. Il ne se bornoit pas à donner des ordres pour leur soulagement; il veilloit à leur exécution, et ne se reposoit que sur lui-même des soins que demandoit leur position. Rien n'échappoit à sa sollicitude. Il a témoigné plus d'une fois qu'il ne balanceroit pas à vendre les vases sacrés, si cela étoit nécessaire pour procurer à ses chers malades ce qu'il leur devoit. Aussi, au premier signal, ses missionnaires voloient aux lieux qu'il leur indiquoit, dans les pays les plus barbares, dans les provinces où régnoient la peste et la mort. Il leur sembloit qu'il étoit toujours parmi eux, dans les combats comme dans la victoire.

L'année 1638, qui suivit celle de l'établissement du séminaire interne, ils firent une mission à Saint-Germain, où Louis XIII étoit avec toute sa cour. Vincent eût bien voulu qu'elle eût été faite par d'autres, ses prêtres lui paroissant peu propres à évangéliser les grands du siècle, qui recherchent surtout les orateurs brillans, et veulent qu'on parle à l'esprit; mais le Roi avoit demandé des missionnaires de Saint-Lazare, et il falloit obéir. Les commencemens furent pénibles; on se plaignoit hautement de la prétendue sévérité des prédicateurs qui attaquèrent des désordres assez communs; mais la sagesse et la fermeté apaisèrent cette légère tempête; les dames, qui avoient jeté les plus hauts cris, furent les premières à rentrer dans les voies du salut qui leur furent ouvertes. L'entraînement fut tel qu'elles voulurent être associées à la confrérie de la Charité, servirent les pauvres chacune à son tour, et formèrent quatre compagnies pour faire des quêtes, dont le produit servît à des œuvres de bienfaisance. Le Roi fut touché de cet heureux changement, et il eut la bonté de dire à un des missionnaires : « Qu'il étoit fort satisfait de tous » les exercices de la mission ; que c'étoit ainsi » qu'il falloit travailler, et qu'il rendroit ce té- » moignage partout. » Le cardinal de Richelieu, tout infatigable qu'il étoit, trouva que le travail des missionnaires étoit au-dessus des forces humaines ; il ordonna à Vincent de leur donner, chaque semaine, un jour de vacance, et c'est à l'attention de ce ministre, qui avoit suivi exactement tous les exercices, qu'ils doivent encore aujourd'hui ce jour de repos.

Le 5 septembre de cette année, Louis XIV naquit à Saint-Germain. La Reine, en reconnoissance d'un don si long-temps attendu, fit de grandes et pieuses libéralités. La vénération qu'elle avoit pour Vincent ne lui permit pas d'oublier la maison de Saint-Lazare ; elle fit présent à la sacristie, qui étoit très-pauvre, d'un ornement de toile d'argent. On le crut arrivé fort à propos pour les fêtes de Noël, auxquelles Vincent devoit officier solennellement ; mais sa vertu favorite, l'humilité ne lui permit pas de porter des ornemens si riches : il en demanda de communs ; et, quelques raisons qu'on lui alléguât, on ne put vaincre sa répugnance.

Trois ans après la première mission de Saint-Germain, la reine Anne d'Autriche voulut en avoir une seconde dans la même ville : toute la cour en profita. Le jeune dauphin y parut plusieurs fois. Son auguste mère souhaita qu'on lui fît le petit catéchisme, et ce fut un jeune missionnaire qui fut chargé de ce glorieux emploi.

CHAPITRE XIV.

Vincent secourt la Lorraine, ravagée par la guerre, la peste et la famine.

La charité de Vincent, devenue plus féconde par ses propres bienfaits, ne va plus se borner au soulagement d'un hospice ou des pauvres d'un village. Comme ce fleuve d'Égypte, qui porte dans tout son cours l'espérance et la fertilité, elle va se répandre non-seulement dans le royaume, mais dans les provinces étrangères. La Lorraine et le duché de Bar furent le premier champ ouvert aux eaux salutaires de ce fleuve réparateur. Ces deux provinces étoient depuis long-temps le théâtre d'une guerre désastreuse. Ne pouvant être défendues par le duc Charles IV, qui en étoit souverain, elles étoient tour à tour dévastées par les Impériaux, les Français, les Espagnols, les Suédois et les Lorrains eux-mêmes. Le duc de Weymar, à la tête des troupes du roi de Suède, après la mort de Gustave-Adolphe, se distinguoit par sa férocité. Le pillage, l'incendie, tous les genres de profanations suivoient ses pas. Plus de sûreté pour les monastères, plus de voyageurs sur les routes, plus de troupeaux dans les campagnes, plus de laboureurs dans les champs. Les villes, les bourgs, les villages étoient déserts, ou incendiés. Les habitans, qui avoient pu échapper aux mains sanglantes des soldats, étoient en proie à toutes les horreurs de la famine : exténués et mourans, ils se trouvoient heureux quand ils pouvoient manger en paix l'herbe et les racines des champs.

Les villes dont le Roi de France s'étoit emparé ou qui étoient déjà sous sa domination, comme Nancy, Bar-le-Duc, Toul, Verdun, Pont-à-Mousson, Metz et autres, furent moins malheureuses pendant quelque temps; mais elles eurent à la fin la destinée du reste de la province. Une si vaste et si déplorable calamité demandoit de prompts et d'immenses secours, qu'il paroissoit impossible d'obtenir; cinq armées, que la France entretenoit alors, consumoient toutes les ressources de l'État et de la bienfaisance publique : on étoit effrayé du présent, on trembloit encore plus pour l'avenir. C'est dans cette accablante disposition des esprits, que Vincent s'élevant au-dessus de tous ses contemporains, se plaça, pour ainsi dire, entre les vivans et les morts, et arbora l'étendard sacré de la charité, dans un pays où celui de la guerre et de tous ses fléaux étoit seul déployé depuis long-temps.

Il ralluma, par le feu de ses discours, l'esprit d'humanité qui étoit généralement éteint; ses regards, ses espérances se tournèrent d'abord vers les pieuses dames de l'assemblée qu'il avoit formée pour le soulagement des hospices de Paris;

il s'adressa à la duchesse d'Aiguillon, qui répondit d'autant plus généreusement à cet appel, que la guerre, qui produisoit tant de calamités, n'étoit pas étrangère à la politique de son oncle. Il eut recours à la Reine, quoiqu'elle n'eût pas lieu d'être satisfaite de la Lorraine. Non content de solliciter par ses prières en faveur de ces malheureuses provinces, il vint lui-même à leur secours en imposant de nouvelles privations à sa communauté.

Pendant le siège de Corbie, il avoit retranché aux siens, en faveur des soldats qui marchoient pour délivrer cette place, une petite entrée de table qu'on avoit donnée jusqu'alors; mais à l'époque des fléaux de la Lorraine, il réduisit sa communauté au pain bis. « Voici, disoit-il à ses prêtres, le temps de la pénitence ; puisque Dieu afflige ses peuples, c'est pour nous, qui sommes ses ministres, une obligation d'être au pied des autels pour pleurer leurs péchés ; mais il faut que nous fassions quelque chose de plus, et nous devons sacrifier à leur soulagement une partie de notre nourriture ordinaire. » A la voix d'un tel père, les enfans se nourrirent avec joie du pain des pauvres.

Cependant, ses prières et son exemple ayant produit l'effet qu'il en attendoit, il se vit peu à peu en état de sauver la vie et l'honneur aux habitans de vingt-cinq villes, et d'un nombre infini de bourgs et villages qui étoient aux abois. Des malades couchés sur les places publiques furent soulagés ; il fit distribuer des vêtemens, non seulement à la classe indigente, mais à un grand nombre de filles de condition, aux monastères des deux sexes qui avoient jusqu'alors inutilement exposé à toute l'Europe leur affliction et leur détresse. L'ordre le plus parfait présidoit à toutes ses distributions; douze de ses missionnaires, pleins d'intelligence et de zèle, auxquels il adjoignoit quelques frères de la congrégation qui savoient la médecine et la chirurgie, furent envoyés dans les diverses parties de la Lorraine; il les munit d'un long et sage règlement, au moyen duquel ils pouvoient faire tout le bien dont il les chargeoit, sans blesser ni les évêques, ni les gouverneurs, ni les magistrats. Il leur prescrivoit de consulter les curés, et quand il n'y en avoit pas, ce qui arrivoit souvent, les personnes les plus respectables, afin d'éviter toute surprise, et de proportionner les secours aux besoins.

Quoique les dames de son assemblée s'en rapportassent uniquement à lui, et qu'elles lui laissassent une entière liberté de disposer des sommes considérables qu'elles déposoient entre ses mains, il ne fit jamais rien sans prendre leur avis; souvent même il voulut prendre les ordres de la Reine, afin de suivre en tout l'intention des bienfaiteurs, et d'éviter tout soupçon de préférence et de partialité. Avec cette conduite il obtint le rare avantage de contenter tout le monde, et surtout les pauvres, classe souvent intraitable, toujours disposée aux murmures et aux plaintes, moins occupée du bien qu'on lui fait que de celui qu'elle s'imagine qu'on pourrait lui faire.

Les aumônes attirées par la confiance arrivèrent de toute part en abondance; l'impulsion donnée par Vincent fut si puissante que, pendant près de vingt ans, il disposa pour ainsi dire de la fortune des plus riches familles de Paris, et que leurs pieuses libéralités le mirent à même d'accomplir de bonnes œuvres dont l'étendue et le succès paroissent incroyables à la postérité.

Le ville de Toul fut la première secourue; les missionnaires qui, comme nous l'avons déjà dit, y étoient établis, adressèrent cette même année à Vincent un témoignage authentique de leur conduite et de leurs travaux, que rendoit le docteur Jean Midot, vicaire-général pendant la vacance du siége épiscopal, homme d'une haute capacité et d'une vertu antique. « Il se plaisoit à certifier que ses prêtres continuoient, depuis environ deux ans, avec beaucoup d'édification et de charité, à soulager, vêtir, nourrir et médicamenter les pauvres, premièrement les malades, dont ils ont retiré soixante dans leur maison, et une centaine qui sont logés dans les faubourgs; secondement, quantité d'autres pauvres honteux réduits à une grande extrémité et réfugiés en cette ville, auxquels ils font l'aumône; et en troisième lieu, plusieurs pauvres soldats, revenant des armées du Roi, blessés et malades, qui se retirent aussi en la maison desdits prêtres de la Mission, et en l'hôpital de la Charité, où ils les font nourrir et traiter, desquelles actions charitables les gens de bien demeurent grandement édifiés. »

Les religieuses dominicaines des deux maisons de Toul mandoient aussi à Vincent tout ce que ses missionnaires avoient faits pour deux régimens français qui, près de Gondreville, avoient été horriblement maltraités par les troupes du fameux Jean de Wert. « Nous pouvons dire, continuoient ces dames, et nous disons, avec tout le diocèse de Toul : Béni soit Dieu qui nous a envoyé ces anges de paix dans un temps si calamiteux, pour le bien de cette ville et la consolation de son peuple, et pour nous en particulier à qui ils ont fait et font encore tous les jours des charités de leurs biens, nous donnant du blé, du bois, des fruits, subvenant ainsi à notre grande nécessité. »

Vincent avoit d'abord défendu à ses prêtres de demander aux magistrats des villes qu'ils secouroient des certificats de leurs travaux. « Il leur disoit qu'il suffisoit que Dieu connût leurs bonnes œuvres, et que les pauvres fussent soulagés sans en vouloir produire d'autres témoignages. » Mais dans la suite, pour prévenir les murmures et l'ombre du soupçon, il changea de sentiment à cet égard. Aussi les monumens de sa charité ne manquent pas, et Dieu a su publier ce que son serviteur vouloit ensevelir dans les ténèbres.

D'autres missionnaires étoient arrivés à Metz et à Verdun; de toutes les villes de la Lorraine, Metz étoit la plus affligée; le concours des pauvres qui l'assiégeoient, pour ainsi dire, au-dehors et au-dedans, étoit immense et effrayant; c'étoit comme une armée de malheureux de tout âge et de tout sexe, qui montoit quelquefois jusqu'à quatre ou cinq mille personnes; tous les matins on en trouvoit dix ou douze de morts, sans compter ceux qui, surpris à l'écart, étoient dévorés par les bêtes féroces : car des loups furieux étoient encore une des plaies dont Dieu frappoit ce peuple infortuné; ils attaquoient en plein jour les femmes et les enfans; les bourgs et les villages en étoient infestés. Les communautés religieuses étoient sur le point de rompre leur clôture, les plus fortes murailles n'étant que de faibles remparts contre la licence des soldats ennemis.

Le parlement de Metz, à qui la famine et les incursions des ennemis donnoient des alarmes continuelles, avoit été obligé de se retirer à Toul. Pour arrêter le cours de tant de maux, il eût fallu à cette ville un évêque des premiers siècles; mais elle étoit bien loin d'avoir alors un Flavien ou un Ambroise. Vincent fut en quelque sorte le premier pasteur de ce troupeau abandonné; ses missionnaires se dévouèrent au soulagement de tant de malheureux, et Metz commença à respirer. Les maîtres échevins et les treize de la ville furent vivement touchés d'un secours qui venoit si à propos; comme ils craignirent qu'il ne pût être continué, ils écrivirent à Vincent la lettre suivante, datée du mois d'octobre 1640.

« Monsieur, lui disoient-ils, vous nous avez si étroitement obligés en subvenant, comme vous avez fait, à l'indigence et à la nécessité extrême de nos pauvres mendians, honteux et malades, et particulièrement des pauvres monastères des religieuses de cette ville, que nous serions des ingrats, si nous demeurions plus long-temps sans vous témoigner la reconnoissance que nous en avons, pouvant vous assurer que les aumônes que vous avez envoyées par-deçà, ne pouvoient être mieux départies, ni employées qu'envers nos pauvres qui sont ici en grand nombre, et notamment à l'égard des religieuses, qui sont destituées de tout secours humain; les unes ne jouissant pas de leurs petits revenus depuis la guerre, et les autres ne recevant plus rien des personnes accommodées de cette ville qui leur faisoient l'aumône, parce que les moyens leur en sont ôtés, ce qui nous oblige de vous supplier, comme nous faisons très-humblement, Monsieur, de vouloir continuer, tant envers lesdits pauvres qu'envers les monastères de cette ville, les mêmes subventions que vous avez faites jusqu'ici. C'est un sujet de grand mérite pour ceux qui font une si bonne œuvre, et pour vous, Monsieur, qui en avez la conduite, qui administrez avec tant de prudence et d'adresse, en quoi vous acquerrez un grand loyer au ciel, etc. »

La ville de Verdun étoit encore plus délaissée de son évêque, qui avoit déplu à la cour de France; quoique la misère y fut moins grande qu'à Metz, parce que le concours des malheureux des pays voisins y étoit moins considérable, cette ville avoit cependant grand besoin des secours que Vincent lui envoya. Ses prêtres y séjournèrent au moins trois ans, donnant chaque jour du pain à cinq ou six cents pauvres, du potage et de la viande à soixante malades, distribuant en secret de l'argent aux pauvres honteux et aux voyageurs : les secours religieux accompagnoient les aumônes et les rendoient plus douces et plus profitables. Un de ses prêtres écrivoit à Vincent que ses confrères et lui ne se lassoient pas d'admirer la patience des malades et leur soumission aux ordres de la Providence : « O Monsieur ! lui disoit-il, que d'âmes vont au ciel par la pauvreté ! depuis que je suis en Lorraine j'ai assisté plus de mille pauvres à la mort, qui paroissoient tous y être parfaitement bien disposés: voilà des intercesseurs pour ceux qui leur ont fait du bien. »

A Nancy, même disette et même secours. Cinq cents pauvres furent nourris tous les jours par les missionnaires. Les travaux des champs ayant cessé, il falloit soulager les ouvriers valides, comme ceux qui étoient malades. Chaque jour, on rassembloit les premiers pour leur distribuer des vivres, et on leur faisoit des instructions touchantes, au milieu des morts et des mourans. L'hôpital de Saint-Julien manquoit de linge et d'argent ; les missionnaires lui en fournirent. Ils reçurent dans leur maison les malades qui ne pouvoient trouver place à cet hôpital ; ils pansoient eux-mêmes leurs plaies. Ayant appris qu'il y avoit dans la ville un grand nombre de pauvres mères de famille, dont les enfans à la mamelle alloient périr, ils en prirent un soin particulier, leur firent distribuer de l'argent et de la farine, et sauvèrent ainsi les mères et les enfans. Outre les cures qu'ils firent eux-mêmes dans les hôpitaux, ils pourvurent au paiement des médecins et des chirurgiens, dont ils étoient les auxiliaires. Pour multiplier les dons par une sage économie, ils veilloient à ce que le linge qui avoit servi aux malades fût blanchi et raccommodé avec soin; on faisoit de la charpie de celui qui ne pouvoit plus servir. Ces détails pourront blesser une fausse délicatesse; mais l'histoire les a consacrés, et on nous pardonnera de les retracer dans leur simplicité.

Vincent auroit voulu soulager à la fois toutes les parties de la Lorraine; mais les premiers secours s'élevoient si haut, et les ressources des dames de son assemblée étoient tellement épuisées, que ce ne fut que vers la fin de l'année 1639, qu'il put envoyer ses prêtres à Bar-le-Duc, et, quelques mois après, à Saint-Mihiel et à Pont-à-Mousson. Ceux qui arrivèrent à Bar furent reçus avec la plus cordiale hospitalité par les jésuites, qui les logèrent dans leur maison pour les mieux seconder. Ils trouvèrent dans cette ville huit cents pauvres, habitans ou étrangers. Ces derniers étoient, pendant les rigueurs de l'hiver, couchés sur le pavé, dans les carrefours, devant les portes des églises et des maisons des riches, qui ne s'ouvroient pas pour eux. C'étoit là que, excédés de misère et de maladie, consumés par le froid et la faim, ils attendoient et recevoient la mort, qu'ils appeloient de tous leurs vœux. On leur donna, comme partout ailleurs, des alimens, des habits; et, en peu de jours, deux cent soixante, qui étoient réduits à une nudité affreuse, purent résister aux intempéries de la saison.

L'hôpital obtint des secours, et put recevoir un plus grand nombre de malades. Une dépense qui coûta le plus, fut celle qu'on fut obligé de faire pour assister les passans étrangers, qui, ne trouvant plus de ressources dans les champs, qu'ils ne pouvoient cultiver, ni dans les villes, dont l'entrée leur étoit souvent interdite, se retiroient par troupe en France. Les missionnaires de Toul et de Nancy les adressoient à ceux de Bar-le-Duc, qui les nourrissoient pendant leur séjour dans cette ville, et leur donnoient de l'argent pour continuer leur route. Outre ses soins hospitaliers, ils pansoient tous les jours plus de vingt personnes infectées d'une gale épaisse et corrosive, dont le seul aspect repoussoit tout le monde. Cette maladie étoit alors comme endémique en Lorraine. Les missionnaires l'extirpèrent par un remède souverain, qu'ils parvinrent à découvrir. N'eussent-ils rendu que ce seul service à ce malheureux pays, il suffiroit pour les en faire à jamais proclamer les bienfaiteurs.

Un des missionnaires de Bar, Germain de Montevit, succomba à tant de travaux. Il fut enlevé, à l'âge de vingt-huit ans, par une fièvre maligne qu'il avoit gagnée dans les hôpitaux. Six cents pauvres, qu'il avoit nourris et vêtus, suivirent en pleurs son cercueil. Sa mort répandit un deuil général. Cependant on chercheroit en vain dans l'église de Bar, où fut inhumé ce martyr de la charité, non un monument fastueux, mais une simple inscription qui rappelât sa mémoire à la postérité. Tandis que nos cimetières, surtout ceux de la capitale, sont encombrés de mausolées, même de temples profanes, élevés en l'honneur de beaucoup de morts qui n'ont fait que peser sur la terre, la tombe du consolateur, de la généreuse victime du malheur n'a pas même une pierre sur laquelle l'homme religieux et sensible puisse pleurer et prier. De Montevit fut pleuré par Vincent : ces larmes valent plus pour sa mémoire que le plus superbe mausolée.

La ville de Pont-à-Mousson n'avoit pas encore été visitée et soulagée par les missionnaires. Ce ne fut que vers le mois de mai 1640 qu'ils y arrivèrent pour la délivrer de la famine. Vincent étoit alors regardé dans toute la Lorraine comme un autre Joseph sauvant l'Égypte de cet horrible fléau.

A Pont-à-Mousson, les missionnaires trouvèrent cinq cents pauvres dans l'état le plus déplorable, et si exténués qu'ils n'avoient pas la force de prendre la nourriture qu'on leur apportoit; plusieurs moururent en mangeant. Les quatre curés donnèrent à leurs libérateurs et à ceux de leur troupeau, une liste exacte de leurs brebis, dont les besoins étoient les plus pressans : toutes furent secourues sans exception; on fournit des outils aux hommes qui pouvoient aller travailler dans les bois. Un bon curé s'offrit de nourrir ces malheureux avec l'argent que les missionnaires mirent dans ses mains. Ce prêtre, aussi humain que courageux, pénétra dans ces affreuses demeures, où la faim tenoit si fort de la rage, qu'un enfant, s'étant approché de quelques jeunes gens, fut dévoré par eux. Un procès-verbal, dressé par l'autorité, confirme ce fait digne de l'histoire des Cannibales.

Une mission vint joindre les dons du ciel à ceux de la terre. Comme un grand nombre de paroisses manquoient de pasteur, et que les enfans mouroient sans avoir reçu le baptême, Vincent adjoignit à ses disciples deux prêtres étrangers, auxquels il assigna un traitement convenable. Ils furent chargés par lui de parcourir le diocèse de Toul, pour y baptiser tous ceux qui ne l'avoient pas été, et apprendre aux personnes les plus respectables de chaque canton à administrer ce sacrement. Tant et de si importans services rendirent le nom de Vincent si cher à la Lorraine qu'il retentissoit partout, comblé de bénédictions, comme celui d'une divinité tutélaire. Les curés, les magistrats, le peuple lui témoignoient leur reconnoissance, en le conjurant de ne pas les abandonner.

Comme l'unique espoir de la Lorraine étoit dans Vincent, et qu'il ne pouvoit pas toujours faire arriver à point nommé des secours si multipliés, deux ou trois jours de retard suffisoient pour ramener la consternation. Il auroit voulu pouvoir se rendre lui-même en Lorraine ; mais, retenu à Paris par des devoirs et des travaux toujours renaissans, il y envoya un des plus anciens mirent dans ses mains. Ce prêtre, aussi humain que courageux, pénétra dans ces affreuses demeures, où la faim tenoit si fort de la rage, qu'un enfant, s'étant approché de quelques jeunes gens, fut dévoré par eux. Un procès-verbal, dressé par l'autorité, confirme ce fait digne de l'histoire des Cannibales.

Une mission vint joindre les dons du ciel à ceux de la terre. Comme un grand nombre de paroisses manquoient de pasteur, et que les enfans mouroient sans avoir reçu le baptême, Vincent adjoignit à ses disciples deux prêtres étrangers, auxquels il assigna un traitement convenable. Ils furent chargés par lui de parcourir le diocèse de Toul, pour y baptiser tous ceux qui ne l'avoient pas été, et apprendre aux personnes les plus respectables de chaque canton à administrer ce sacrement. Tant et de si importans services rendirent le nom de Vincent si cher à la Lorraine qu'il retentissoit partout, comblé de bénédictions, comme celui d'une divinité tutélaire. Les curés, les magistrats, le peuple lui témoignoient leur reconnoissance, en le conjurant de ne pas les abandonner.

Comme l'unique espoir de la Lorraine étoit dans Vincent, et qu'il ne pouvoit pas toujours faire arriver à point nommé des secours si multipliés, deux ou trois jours de retard suffisoient pour ramener la consternation. Il auroit voulu pouvoir se rendre lui-même en Lorraine; mais, retenu à Paris par des devoirs et des travaux toujours renaissans, il y envoya un des plus anciens prêtres de sa compagnie, pour visiter les missionnaires dans leurs arrondissements respectifs, avec ordre de lui rendre un compte exact de l'emploi des aumônes, de leur distribution, et de la manière dont on faisoit les instructions au peuple.

Arrivé à S.-Mihiel, cet inspecteur intéressa encore davantage Vincent en faveur des habitans de cette ville; il lui manda que la noblesse souffroit encore plus que le peuple, parce qu'elle ne vouloit pas que l'on entrevît même sa détresse; qu'il ne mouroit pas un cheval, de quelque maladie que ce fût, qu'on ne l'enlevât aussitôt pour le manger; qu'une veuve qui n'avoit plus rien pour elle ni pour ses trois enfans, étoit sur le point de manger une couleuvre, lorsqu'un missionnaire étoit accouru pour apaiser la faim qui la dévoroit; que les prêtres du pays étoient si dépourvus des moyens de subsistance qu'un curé du voisinage avoit été réduit, pour gagner sa vie, à s'atteler à la charrue avec ses paroissiens. « Il ne » faut plus, disoit-il, aller chez les Turcs pour y » voir des prêtres condamnés à labourer la terre; » ils s'y condamnent eux-mêmes à nos portes, » ou plutôt ils y sont contraints par la nécessité. » Il ajoutoit qu'il ne pouvoit concevoir comment ses collègues avoient pu, avec aussi peu d'argent qu'ils recevoient de Paris, répandre tant d'aumônes; qu'il avoit reconnu le miracle de la multiplication des pains dans les autres cantons qu'il avoit parcourus; que les missionnaires savoient souffrir la faim comme ceux avec qui ils vivoient;

que plusieurs étoient tombés malades, faute de nourriture; qu'ils étoient universellement respectés et chéris; que le peuple de Saint-Mihiel étoit docile et pieux; qu'il supportoit ses maux avec patience; que, dans son extrême pauvreté, il étoit si avide de secours spirituels que, quoique la ville fut petite et les maisons des riches désertes, il se trouvoit aux catéchismes plus de deux mille personnes pour avoir la consolation d'entendre leur missionnaire.

Quelle que fut la reconnoissance des Lorrains pour Vincent, elle ne pouvoit être proportionnée aux bienfaits qu'ils recevoient de lui: nuit et jour il s'occupoit de leurs misères; il croyoit entendre sans cesse les cris de leur détresse. Les ordres religieux de cette malheureuse province furent sauvés par lui comme le peuple: outre les secours de tous genres qu'il leur fit parvenir, il obtint en leur faveur un arrêt du conseil d'état du Roi qui les garantit des taxes qu'on vouloit lever sur eux; mais il ne voulut pas que ses prêtres établis à Toul en profitassent, et cela sur cette maxime: « que, si les missionnaires sont »fidèles aux devoirs de leur vocation, ils ne man-»queront point de bien, et que, s'ils ne le sont »pas, ils n'en auront que trop. »

CHAPITRE XV.

Vincent soulage les Lorrains et les Anglais réfugiés à Paris. — Il se jette aux pieds du cardinal de Richelieu pour lui demander la paix. — Evaluation des secours envoyés en Lorraine. — Courage et habileté du frère Matthieu.

CE ne fut pas seulement dans leur propre pays, que Vincent vint au secours des Lorrains; il y en eut un grand nombre qui éprouvèrent à Paris tous les effets de sa sollicitude paternelle. Sur le rapport que lui avoient fait ses prêtres, que beaucoup de jeunes filles, même des premières conditions, se trouvant sans parens et sans ressources, étoient exposées à la brutalité des soldats, il avoit fait décider, dans l'assemblée des dames de l'Hôtel-Dieu, que l'on feroit venir à Paris celles qui voudroient s'y rendre, et que l'on prendroit les mesures nécessaires pour les faire subsister. Au moment du départ il s'en présenta plus qu'on n'avoit cru; mais on choisit celles dont la situation étoit la plus malheureuse: cent soixante arrivèrent à Paris, sans compter un grand nombre de petits garçons qui périssoient de besoin. Vincent partagea avec madame Legras le soin de cette double et intéressante colonie; la pieuse veuve reçut chez elle les jeunes orphelines, qui furent placées successivement, selon leur condition, dans les meilleures maisons de Paris. Les jeunes garçons entrèrent à Saint-Lazare, où ils restèrent jusqu'à ce qu'on pût leur donner un état. L'émigration de la Lorraine en France dura plusieurs années, et fut si considérable que, d'après son moderne historien, le savant dom Calmet, un siècle entier ne lui suffit pas pour réparer ses pertes.

Beaucoup de ces pauvres réfugiés arrivoient en droiture à Saint-Lazare; d'autres attendoient, dans les environs de Paris, la direction que Vincent voudroit leur donner, et les secours qu'il leur destinoit. Tous s'empressoient de voir l'homme qui avoit sauvé leur pays; et, après l'avoir vu et entendu, ils le trouvoient encore plus grand que sa renommée. Il les réunit tous successivement dans une mission qu'il fit pour eux au village de la Chapelle, à la porte de Paris; les dames de la Charité y assistèrent. Dans une de ces missions, un homme dont le nom mérite de retentir dans la postérité, M. Drouart, inspiré par Vincent, fit un appel si pathétique à la charité publique, qu'il en ralluma le flambeau qui alloit s'éteindre; on put donner du pain, au moins pour un temps, à des hommes qui étoient venus le chercher de si loin. Une communauté de religieuses, au nombre de quatorze, étant venue également chercher un refuge en France, Vincent lui ouvrit un couvent, qui fut fondé pour leur ordre.

Cependant l'horrible guerre dont la Lorraine étoit le théâtre, continuoit ses ravages ; le duc Charles IV, plus avide de siéges et de batailles que du repos de ses peuples, ne faisoit rien pour mettre fin à ce fléau. La noblesse, à l'exemple du peuple, se réfugioit en France, emportant ce qu'elle avoit de plus précieux ; mais ces ressources précaires furent bientôt épuisées, et les besoins l'assiégèrent de tous côtés : sa situation devint d'autant plus déplorable qu'elle n'osoit la faire connoître. Dans cette extrémité, un jeune gentilhomme français qui avoit pénétré ce secret d'une noble fierté, le confia à Vincent, et lui proposa de s'occuper avec lui des moyens de soulager ces nouveaux infortunés. Tout autre que Vincent qui, depuis plusieurs années, mettoit à contribution pour les Lorrains, ses amis, et sa maison de Saint-Lazare, eût écarté cette proposition ; mais lui il l'accepta, non seulement avec joie, mais avec reconnoissance. « O Monsieur ! dit-il, à cet intercesseur, ô Monsieur ! que vous me faites de plaisir ! Oui, ajouta-t-il avec une simplicité évangélique, il est juste d'assister et de soulager cette pauvre noblesse pour honorer notre Seigneur qui étoit très-noble et très-pauvre tout ensemble. »

Tout délai eût été mortel ; aussi Vincent prit à l'instant trois résolutions importantes ; la première, de ne pas toucher aux secours qui devoient être envoyés incessamment en Lorraine ; la seconde, de ne point mettre cette nouvelle charge sur le compte des dames de son assemblée, qui avoient besoin de toute la constance de leur charité pour continuer ce qu'elles avoient si heureusement commencé; la troisième, de former une association de seigneurs qui, pleins de foi et d'humanité, se fissent un devoir de rendre à des gens de leur condition tous les services qu'ils eussent voulu recevoir d'eux dans une semblable conjoncture. Il rassembla huit gentilshommes vraiment dignes de ce nom, à la tête desquels étoit le baron de Renty, né au chateau du Bény dans le diocèse de Bayeux: il leur parla avec cette éloquence du cœur qui lui étoit naturelle, et ils furent à l'instant animés de son esprit. Il fut arrêté, d'une voix unanime, que l'on viendroit au secours de cette noblesse malheureuse; que l'on prendroit la liste des personnes de chaque famille pour proportionner les secours au nombre et à la condition de ceux qui les composoient. Le baron de Renty fut chargé de ce premier travail; sur son rapport et à son exemple, ses collègues se cotisèrent, et fournirent ce qui étoit nécessaire pour les besoins d'un mois. Au bout de ce temps, ils se réunirent à Saint-Lazare, et pourvurent au service du mois suivant. Vincent sut si bien, de mois en mois, entretenir leur zèle, que les secours durèrent plus de vingt ans. Cette association hospitalière fut une de celles formées par Vincent, qui lui fournirent le plus de moyens pour remplir son pieux ministère; elle secourut, pendant huit ans, la noblesse lorraine, avec les égards affectueux et toutes les attentions délicates de l'urbanité française. Quand les troubles de ce malheureux pays furent un peu apaisés, ces nobles réfugiés rentrèrent dans leur patrie, et on fournit à tous les frais du voyage; ceux que la perte totale de leurs biens retint plus long-temps en France, furent toujours traités avec le respect et l'intérêt qu'inspirent de grandes infortunes.

Cette conduite de Vincent et des gentilshommes français fut d'autant plus généreuse et plus étonnante que, dans le même temps, il falloit venir au secours des catholiques d'Angleterre. Déjà Cromwell avoit levé l'étendard de la révolte et dressé l'échafaud sur lequel devoit périr Charles Ier. Les catholiques ayant tout à craindre de ce fanatique usurpateur, beaucoup de gentilshommes d'Angleterre et d'Écosse se réfugièrent en France. Le baron de Renty, qui découvrit le premier leurs retraites et leurs malheurs, informa Vincent de la bonne œuvre qui se présentoit, comme d'une heureuse découverte; il fut résolu que l'on feroit pour ces nouveaux réfugiés ce que l'on avoit fait pour ceux de la Lorraine. Des secours en argent furent assurés; M. de Renty les leur portoit tous les mois, seul pour l'ordinaire, à pied et dans les quartiers les plus éloignés. La mort seule interrompit, à l'âge de trente-sept ans, ces prodiges de bienfaisance; mais un siècle et demi après, ses enfans et ses neveux, ainsi que ceux de ses nobles collègues, ont retrouvé et recueilli l'héritage de Vincent dans leur long exil en Angleterre. Un de ces gentilshommes disoit de lui, « qu'il étoit toujours le premier à donner, qu'il ouvroit son cœur et sa bourse; de sorte que, quand il manquoit quelque chose, il le fournissoit tout du sien, et se privoit du nécessaire pour achever le bien commencé.» Deux exemples confirmeront ce témoignage.

Un jour qu'il manquoit trois cents livres pour compléter la somme que l'on distribuoit chaque mois aux Anglais réfugiés, Vincent s'empressa de les donner, et c'étoit le montant d'une aumône qu'on lui avoit faite à lui-même, pour acheter un autre cheval, le sien étant si vieux et si mauvais qu'il s'étoit abattu plusieurs fois sous lui.

Une autre fois et dans une conjoncture semblable, on eut besoin de vingt pistoles; Vincent appela le procureur de sa maison, et, le tirant à l'écart, lui demanda ce qu'il avoit d'argent; je n'ai, lui répondit celui-ci, que ce qui m'est absolument nécessaire pour nourrir demain la communauté qui, comme vous savez, est aujourd'hui très-nombreuse. — Mais combien avez vous? — Cinquante écus, et dans toute la maison vous ne trouveriez pas une obole de plus. — Au nom de Dieu, allez moi les chercher. Le procureur fut obligé d'apporter la somme, et Vincent aima mieux laisser sa maison sans argent que d'abandonner un seul de ces étrangers. Heureusement pour la communauté, que des seigneurs de l'assemblée, qui avoient entendu ce colloque à voix basse, furent si touchés de cet acte de désintéressement, que le lendemain ils envoyèrent comme aumône, à la maison de Saint-Lazare, un sac de mille francs.

L'homme qui voyoit de si près les calamités dont étoient affligés ses semblables, ne pouvoit s'empêcher de méditer sur les causes qui les produisoient et sur les moyens d'en tarir la source. Pénétrant par la pensée dans le conseil des rois, il vit toute l'influence que Richelieu exerçoit sur les puissances belligérantes qui ensanglantoient la Lorraine; il crut que lui seul pouvoit rendre la paix à l'Europe, et qu'il devoit la désirer autant par politique que par humanité. D'après cette inspiration de sa belle âme, il se présente un jour chez ce ministre, lui expose, en termes respectueux et ménagés, les malheurs de la France, et, se jetant à ses pieds : « Monseigneur, » lui dit-il, donnez-nous la paix! ayez pitié de » nous! donnez la paix à la France! » Ce ministre absolu, qui n'auroit pas pardonné peut-être au roi son maître ce cri du désespoir des peuples, Richelieu ne s'offensa point des larmes de Vincent. Il parut touché du tableau déchirant que le vertueux prêtre avoit mis sous ses yeux. Il lui dit avec bonté qu'il travailloit sérieusement à la pacification de l'Europe, mais qu'elle ne dépendoit pas de lui seul.

L'apôtre de l'humanité se chargea d'une commission encore plus délicate auprès du même ministre, dans le temps que Cromwell étoit sur le point d'exécuter l'horrible régicide. Il lui exposa, avec la même liberté, que l'Irlande souffroit beaucoup; qu'il seroit glorieux pour lui de voler au secours d'un peuple qui n'étoit persécuté que pour son attachement à la religion de ses pères; que le pape le seconderoit, et qu'il lui offroit un secours de 300,000 francs. Richelieu lui répondit que Louis XIII avoit trop d'affaires pour porter ses armes en Angleterre; que les 010,000 écus du pape n'étoient rien; qu'une armée étoit une grande machine qui ne se remuoit pas facilement; que des millions n'y suffiroient pas. Vincent fut plus affligé que surpris de cette réponse. S'il ne réussit pas, il eut du moins la consolation d'avoir fait ce qui dépendoit de lui pour arrêter le cours de tant de maux. Il éprouva dans ces deux occasions la vérité de ce proverbe de Salomon : *Celui qui marche simplement marche avec assurance.* L'Irlande fut abandonnée à la tyrannie de Cromwell; mais les Espagnols, qui croyoient perdre la France, perdirent le Portugal pour toujours, par une révolution à laquelle Richelieu ne fut pas étranger.

La Lorraine commençant à respirer, Vincent rappela ses missionnaires; mais il continua pendant cinq ans à y répandre des secours, auxquels participèrent les provinces voisines. Les villes de Dieuse, de Marsal, de Moyen-Vic, de Remiremont, d'Épinal, de Mirecourt, de Châtel-sur-Moselle, de Stenay, de Rembervilliers, furent soulagées dans leur détresse.

Les communautés religieuses de toutes ces villes ne furent pas oubliées. On leur distribuoit, par trimestre, jusqu'à 5 à 600 livres, selon leur nombre et leur pauvreté, sans compter une grande quantité de pièces d'étoffe pour leurs vêtemens. On ne leur demandoit qu'un reçu, qu'elles donnoient au missionnaire que Vincent leur envoyoit. Ces secours duroient encore lorsque, par les ordres de la Reine et sous la direction de Vincent, un autre prêtre en porta de plus considérables dans plusieurs villes de l'Artois et des pays voisins, dont l'armée du Roi s'étoit emparée. Arras, Bapaume, Hédin, Landrecies, Gravelines reçurent cet envoyé et ses dons. Il alloit de paroisse en paroisse et de famille en famille, toujours accompagné des curés et d'autres ecclésiastiques, qui se trouvoient heureux de voir ainsi soulager leur troupeau désolé. Il est difficile de faire un calcul exact de toutes les sommes que Vincent répandit dans la Lorraine et le Barrois; celui qui les porta successivement peut bien en connoître le montant qu'il évalue à 1,600,000 livres. De nos jours, 4 millions ne produiroient pas les mêmes secours. Dans cette somme de 1,600,000 francs, ne sont pas comprises 14,000 aunes de draps et toutes les tapisseries que donna la Reine, d'après le tableau touchant que lui fit Vincent de la misère de toutes ces paroisses. On n'y comprend pas non plus les lits de deuil, que cette princesse leur envoya après la mort de Louis XIII, généreux exemple qu'imita la duchesse d'Aiguillon, nièce et légataire universelle du cardinal de Richelieu. Si l'on joint à cette prodigieuse dépense celle qu'il fallut faire, soit pour donner aux églises dépouillées du linge et des ornemens, soit pour faire conduire à Paris et y faire subsister les jeunes filles de la Lorraine et les jeunes garçons, dont nous avons parlé, soit pour venir au secours des gentilshommes anglais et lorrains, on ne peut disconvenir que cette partie de la vie de Vincent est comme un prodige continuel de charité. Pour compléter ce tableau, si honorable pour la religion et l'humanité, nous devons faire connoître le courage et la prudence avec lesquelles le frère de la mission, chargé de porter tous ces secours en Lorraine, échappa aux dangers sans nombre qu'il courut dans tous ses voyages.

 Ce frère, nommé Mathieu Rénard, étoit né a Brienne-le-Château, diocèse de Troyes. Il fit, sans être jamais volé en route, plus de cinquante voyages en Lorraine, ne portant jamais moins de 20,000 livres, et quelquefois jusqu'à 10 et 11,000 écus en or. Il avoit à traverser des pays infestés de brigands, et surtout de Croates armés, qui ne vivoient que de rapines. Il s'unissoit à un convoi, et, si ce convoi étoit attaqué et enlevé, le frère Mathieu trouvoit le moyen d'échapper. S'il s'associoit à des voyageurs, il les quittoit un moment, comme par un avis secret de la Providence, et, dans ce moment même, ils étoient dépouillés par des voleurs, qui ne l'avoient pas même aperçu. S'il découvroit dans les bois des soldats débandés, il cachoit dans un buisson, et même dans la boue, sa bourse, qu'il portoit dans une besace comme un mendiant. Alors il alloit droit à eux, comme s'il n'avoit plus rien à craindre ; quelquefois ils le fouilloient, souvent ils le laissoient passer sans rien lui dire. Rarement ils le maltraitoient. Il continuoit ensuite sa route pendant quelque temps, et dès qu'il les voyoit éloignés, il revenoit sur ses pas, et reprenoit son argent. Un soir, il rencontra une troupe de filoux qui le menèrent dans un bois ; après avoir visité inutilement tous les plis et replis de ses habits, ils lui demandèrent s'il ne paieroit pas bien volontiers cinquante pistoles pour sa rançon : « Je suis un pauvre, leur » répondit-il, et quand j'aurois cinquante vies, » je ne pourrois pas les racheter d'un gros de » Lorraine. » Ils furent presque tentés de lui faire l'aumône ; et ils le laissèrent aller.

Chargé un jour de 34,000 livres, il se vit assailli par un homme bien monté qui, le pistolet à la main, le fit marcher devant lui pour le fouiller à l'écart. Le frère, qui l'observoit de temps en temps, lui ayant vu tourner la tête, laissa tomber sa bourse. Cent pas après, il se mit à faire au cavalier de grandes révérences, qui, fortement imprimées dans une terre fraîchement labourée, pussent lui servir à retrouver son trésor. Il le retrouva en effet, après avoir essuyé sur le bord d'un précipice une visite rigoureuse, où il ne perdit qu'un couteau, parcequ'il n'avoit que cela à perdre.

Comme il fut bientôt connu dans toute la Lorraine pour un envoyé de Vincent, il lui fut bien difficile de cacher ses marches ; mais Dieu arma en sa faveur ceux dont il avoit le plus à craindre. De ce nombre fut un capitaine, qui, sans mauvais dessein, l'ayant fait connoître à ses soldats embusqués à Saint-Mihiel, leur déclara, le pistolet à la main, quand il les vit près de fondre sur lui, qu'il casseroit la tête à quiconque seroit assez *enragé* (ce fut son expression) pour faire du mal à un homme qui faisoit tant de bien.

Des Croates ayant su qu'il étoit à Nomeny avec beaucoup d'argent, se mirent de suite en campagne pour une si bonne prise; mais il se fit ouvrir, avant la pointe du jour, une fausse porte du château, qui étoit assiégé par ces maraudeurs; et, prenant un sentier dérobé, où il ne trouva pas une âme, il arriva à Pont-à-Mousson lorsque les Croates le croyoient encore à Nomeny. A peine purent-ils en croire ceux qui les assuroient de son arrivée dans cette ville; ils jurèrent et blasphémèrent, mais leurs imprécations ne servirent qu'à faire voir qu'on est bien gardé quand on l'est par Dieu même. On fut si généralement persuadé qu'il étoit préservé par une force invisible, qu'on se croyoit moins exposé quand on voyageoit avec le frère Mathieu. La comtesse de Montgommery, que les passeports de trois souverains n'avoient pu sauver du pillage, et qui, dans la crainte du même danger, n'osoit se résoudre de passer de Metz à Verdun, ayant su que le frère avoit le même voyage à faire, le pria de monter dans son carrosse, persuadée, disoit-elle, que sa compagnie lui vaudroit mieux que tous les passeports du monde. L'événement justifia sa confiance : elle parvint à Verdun sans rencontrer un seul soldat.

Lorsque le frère Mathieu revint à Paris, la Reine, à qui on avoit raconté tous ces traits de courage et de présence d'esprit, voulut le voir : elle entendit, avec un plaisir infini, le récit de tous ces voyages, et de tous les stratagèmes qu'il varioit à propos pour échapper aux brigands. Il attribuoit tout son bonheur à la foi et aux prières de celui qui l'envoyoit. Ce bon frère mourut le 5 octobre 1669, dans la maison de Saint-Lazare, où il méritoit si bien de trouver une paisible retraite.

CHAPITRE XVI.

Mort de la baronne de Chantal. — Vincent assemble sa communauté et veut donner sa démission de supérieur-général. — Mort du cardinal de Richelieu. — Vincent assiste Louis XIII à ses derniers momens.

Pendant qu'un grand nombre de missionnaires répandoient dans la Lorraine tous les dons de la charité chrétienne, d'autres exerçoient en France les différens travaux de leur ministère ; ceux de Saint-Lazare firent jusqu'à soixante-dix missions dans plusieurs diocèses : ils s'établirent à Annecy en 1640, attirés par la baronne de Chantal, par Juste-Guérin, évêque de Genève, successeur de saint François de Sales, et par les commandeurs de Malte, Cordon et Sillery. Ce dernier termina dans cette ville une vie marquée par tant de vicissitudes et de bonnes œuvres. « Il est allé au ciel, dit Vincent dans une de ses lettres, comme un monarque qui va prendre possession de son royaume, avec une force, une confiance, une paix, une douceur qui ne peuvent s'exprimer ; c'est en ce sens, ajoute-t-il, que j'en parlois dernièrement au cardinal de Richelieu.

Charmé d'avoir attiré à Annecy les enfans de

Vincent, l'évêque de Genève s'en rapporta uniquement à la sagesse de leur père, lorsqu'il s'occupa de la fondation d'un séminaire à Annecy où il faisoit sa résidence. C'est le premier de ces établissemens au-delà des Alpes où l'on ait reçu les jeunes clercs dont la première éducation étoit achevée. C'est sur ce modèle que Vincent en institua un en 1641, au bout de l'enclos de Saint-Lazare, qu'il nomma le séminaire Saint-Charles. Les prêtres y formoient à la vertu et aux belles lettres les jeunes gens qui se destinoient à l'état ecclésiastique; on y joignoit à tous les exercices religieux les exercices littéraires des colléges les plus célèbres. Le missionnaire de Lafosse, poëte distingué, dont nous avons déjà parlé, y faisoit représenter ses tragédies, dont le sujet étoit tiré de nos livres saints. Vincent vouloit que les séminaires fussent de savantes et saintes écoles; qu'on y approfondît tout ce qui peut contribuer à la conduite des peuples, mais que l'on comptât pour peu de choses ces questions métaphysiques ou de pure critique qu'un bon pasteur peut ignorer. Il étoit persuadé que les plus beaux génies ne sont pas ceux qui sont les plus propres à l'instruction de la jeunesse, à moins qu'ils ne descendent, ce qui leur est bien difficile, des hautes régions qu'ils habitent, pour se mettre à l'humble portée de leurs élèves. Il écrivit un jour à un de ses prêtres, qui avoit de grands talens, une lettre qui commençoit par ces paroles singulières en apparence, mais pleines de sens : « Nous vous rappelons, Monsieur, et vous

» prions de ne plus régenter, parce que vous êtes
» trop habile. » Ce professeur, avec beaucoup
d'érudition, n'avoit rien appris à ses élèves pour
vouloir trop leur apprendre, tandis que ceux d'un
de ses collègues, beaucoup moins instruit que lui,
avoient beaucoup profité.

Vincent regardoit la science comme une partie
essentielle pour un ecclésiastique, parce qu'un
prêtre ignorant est un aveugle qui en conduit
d'autres au précipice; mais il estimoit encore plus
la solide piété: « Nous devons, disoit-il aux siens,
porter les jeunes gens qui nous sont confiés, également à la science et à la piété, c'est ce que Dieu
demande de nous. Ils ont besoin de capacité,
mais ils ont besoin d'une vie sainte et régu-
lière : sans celle-ci l'autre est inutile et dangereuse. » De si sages préceptes, fidèlement observés dans les différens diocèses que parcouroient
les missionnaires, produisirent les fruits les plus
heureux. L'évêque de Cahors, le pieux Solminiac,
l'homme du monde le plus avare de louanges,
écrivit à Vincent : « Vous seriez ravi de voir
» mon clergé, et vous béniriez Dieu mille fois,
» si vous saviez le bien que les vôtres ont fait
» dans mon séminaire, et qui s'est répandu dans
» toute la province. »

Vincent faisoit plus que donner des instructions
et des règles aux séminaires qui étoient placés
sous sa direction ; il y entretenoit un grand nombre d'ecclésiastiques qui n'avoient pas le moyen
de payer leur pension ; il sollicitoit pour eux la
charité des maisons de sa congrégation, et les

aumônes des personnes pieuses qu'il avoit disposées à tout entreprendre pour le bien de l'Église. Son exemple excita une sainte émulation parmi de vertueux prêtres, qui consacrèrent à cette destination une partie de leurs revenus. C'est ainsi que M. Chomel, officier et vicaire-général du diocèse de Saint-Flour, envoya chaque année, pendant l'espace de dix ans, des sommes considérables au séminaire de Troyes en Champagne, et à celui d'Annecy en Savoie. Enrichir le troupeau de Jésus-Christ d'un bon prêtre, c'étoit, selon Vincent, enrichir le pauvre dont il ne manquera jamais d'être le père; c'est dans cette profonde conviction qu'il s'écrioit : « O qu'un bon prêtre est une grande chose ! que »ne peut-il pas faire? que ne fait-il pas avec la »grâce de Dieu? »

C'est sur ce principe qu'il saisissoit avec empressement toutes les occasions de rendre au clergé son état primitif, et ces occasions étoient fréquentes, parce qu'il n'y avoit presque personne qui, dans ce généreux dessein, ne s'adressât à lui. Pierre Colombes, ayant voulu établir dans sa paroisse, qui étoit celle de Saint-Germain-l'Auxerrois, une communauté de prêtres qui pussent servir de modèles aux autres, la mit sous sa conduite. Vincent en dressa les règlemens, dont la substance étoit qu'un prêtre de paroisse est en danger de périr, s'il ne sait se créer à lui-même une solitude intérieure, et y réparer ses forces que la dissipation et le commerce du monde ne peuvent manquer d'affoiblir.

Les communautés religieuses des deux sexes n'occupoient pas moins sa sollicitude et sa vigilance. Il visita cette année, pour la seconde fois, d'après l'ordre de l'évêque de Beauvais, les Ursulines de cette ville. Ce n'étoient pas seulement les monastères des environs de Paris qui lui envoyoient des députés pour le consulter dans leurs doutes et leurs afflictions; la baronne de Chantal, fondatrice des religieuses de la Visitation, fit cette année le voyage d'Annecy à Paris pour conférer avec lui. Elle avoit espéré, l'année précédente, le recevoir à Annecy, où l'évêque l'attendoit pour régler définitivement les affaires de son séminaire; mais cet espoir ayant été trompé, elle se détermina, à l'âge de 69 ans, à venir elle-meme à Paris. Depuis que, par la mort de saint François de Sales, elle avoit perdu son appui et son conseil, elle avoit besoin de s'entretenir avec un homme qui, par ses vertus, lui retraçoit ce vénérable prélat. Vincent l'accueillit comme une digne fille de son ami; il la vit souvent au monastère des religieuses de son ordre de la rue Saint-Antoine, dont il étoit directeur. Elle prit ses avis sur sa conduite particulière et celle de ses filles, qu'elle lui recommanda comme une tendre mère. En le quittant, elle croyoit se rendre à Annecy, mais elle touchoit au terme de sa carrière: elle mourut à Moulins, cinq semaines après son départ de Paris.

La mémoire de la baronne de Chantal doit

être, à plus d'un titre, chère à la France : son fils, le baron de Chantal, qui fut tué au service du Roi, lors du débarquement des Anglais à l'île de Rhé, fut père de notre célèbre madame de Sevigné, dont les lettres ont tant de grâces et de charmes.

Pour remplir les promesses qu'il avoit faites à saint François de Sales et à madame de Chantal, Vincent visitoit assidûment les monastères de la Visitation à Paris et à Saint-Denis; toujours ferme contre les abus, il interdisoit l'entrée de ces maisons à des dames de la plus haute condition, à des princesses même qui demandoient cette faveur, soit par pure curiosité, soit par un motif apparent de dévotion. Cette règle, dont il n'exceptoit que les véritables bienfaitrices de ces religieuses, fut si fidèlement observée, que la Reine ayant désiré qu'une de ses filles d'honneur pût se retirer dans une de ces maisons, il l'engagea lui-même à la placer ailleurs. Un courtisan eût prévenu les désirs de la Reine.

La mort de madame de Chantal fut suivie d'une autre qui affligea vivement Vincent; le savant et pieux missionnaire Lebreton, qu'il avoit envoyé à Rome depuis trois ans, succomba aux travaux des missions, qu'il faisoit avec le plus grand succès dans le diocèse d'Ostie. Cette perte fut d'autant plus sensible à la congrégation, que l'établissement des missionnaires, que la duchesse d'Aiguillon vouloit fonder à Rome, n'étoit pas encore terminé : il le fut, un an après, par les prêtres que Vincent y envoya.

Outre l'obligation qu'il leur imposa de faire des missions, de former les ordinand, et surtout de visiter les hôpitaux, il leur donna en partant des conseils pleins de sagesse; il leur dit que la circonspection et une sage lenteur étoient les qualités dominantes du caractère italien, qui aime les personnes qui savent temporiser et marcher pas à pas; qu'on se défie de celles qui veulent aller trop vite. Un de ces prêtres qui partoient pour l'Italie, ayant cherché à lui insinuer que, pour se mettre bien dans l'esprit des cardinaux, il seroit convenable de faire les premières missions dans leurs terres : « Votre dessein, » Monsieur, lui répondit-il, me paroît tout hu- » main : ô Jésus! Dieu nous garde de faire ja- » mais aucune chose par ce principe! » Cette colonie, docile à de si sages instructions, en produisit bientôt deux autres qui, donnèrent en Italie deux provinces considérables à la congrégation.

C'est dans ce temps que, pour donner à ses enfans une leçon vivante d'humilité et de charité chrétienne, il commença, le jour de Noël, à faire manger à côté de lui deux pauvres vieillards, infirmes et couverts de haillons. Il les faisoit servir avant lui et toute la communauté, les traitoit avec respect, ne leur parlant jamais sans se découvrir. Ses successeurs ont suivi cet exemple : chaque jour, sur douze pauvres, pris dans le voisinage de Saint-Lazare, deux, à tour de rôle, étoient assis à la table du supérieur-général, pour l'avertir qu'il doit être le père des indigens, comme l'a été celui dont il tenoit la place.

La famille de Vincent de Paul s'étant multipliée en France et en Italie, il voulut la rassembler autour de lui, et il convoqua une assemblée générale dont l'ouverture se fit, le 13 octobre 1642; on y arrêta plusieurs règlemens dignes de la sagesse de ceux qui la composoient. Tous les députés étoient ravis du résultat de leur réunion, et surtout heureux d'avoir vu leur père commun; lorsque Vincent, qui n'avoit jamais affligé personne, les consterna tous. Cet humble serviteur de Dieu, persuadé qu'il n'y avoit aucun membre de sa congrégation qui ne fût plus digne que lui de la gouverner, tomba à genoux devant ses disciples, et, leur demandant pardon des fautes qu'il pouvoit avoir commises pendant son généralat, il les pria, d'une voix entrecoupée par ses soupirs, de procéder à l'élection de son successeur. Il se retira au moment même, pour leur laisser la liberté du choix, ratifiant d'avance celui qu'ils jugeroient à propos de faire.

La délibération ne fut pas longue, parce que les suffrages furent unanimes. A peine fût-on revenu de la surprise que devoit causer la démarche si imprévue du supérieur-général, qu'on lui envoya des députés pour lui dire que l'assemblée se garderoit bien d'accepter sa démission, et qu'elle le conjuroit de revenir la présider pour terminer les affaires qui réclamoient sa présence. Les députés, après l'avoir cherché long-temps, le trouvèrent enfin dans une chapelle qui donnoit sur l'église. C'est là que, prosterné au pied d'un crucifix, il supplioit le Fils de Dieu de mettre à la tête de sa congrégation un homme selon son cœur. Ils le conjurèrent en vain de ne pas les abandonner. Il protesta qu'il n'étoit plus supérieur. Sur le rapport des députés, toute l'assemblée se leva, et sortit en corps pour le supplier de sacrifier son humilité aux besoins de ses enfans. Ne pouvant l'ébranler, ils s'écrièrent tous : « Vous voulez donc que nous procédions à l'élec- » tion d'un supérieur ? » A ces mots, Vincent se crut exaucé, et les pria de nouveau de faire cette nomination : « Eh bien ! répliquèrent ils tous de » concert, c'est vous-même que nous élisons, et » vous pouvez compter que, tant que Dieu vous » conservera sur la terre, nous n'en aurons point » d'autre. » Vincent voulut encore résister à ce vœu général; mais, voyant enfin qu'il ne pouvoit rien obtenir, il baissa la tête, et reprit le fardeau que Dieu lui imposoit. Il demanda à l'assemblée le secours de ses prières, en l'assurant qu'il lui donnoit un grand exemple d'obéissance.

La congrégation perdit, quelques mois après, le plus puissant de ses protecteurs, le cardinal de Richelieu, dont le long ministère ne le cède en gloire et en services rendus à l'État qu'à celui de Sully. Ce grand homme, qui avoit fait trembler l'Europe et tous les grands de l'État conjurés contre lui, eut presque toujours à trembler pour ses jours et pour sa puissance. Il avoit pour confident et pour conseil un capucin, le Père Joseph

Dutremblay, qui le servit utilement dans Paris et au dehors de la France. Il étoit pour la politique du cardinal ce que le frère Mathieu étoit pour la charité de Vincent. Le ministère du cardinal de Richelieu, qui a été l'objet de tant de jugemens divers, n'a jamais été mieux apprécié que par M. le cardinal de Bausset, dans la *Vie de Fénelon* : « Ce ministre, dit-il, voulut asseoir les fon-
» demens d'un gouvernement durable sur ces
» principes religieux qui sont les plus fermes ap-
» puis de l'ordre et de la tranquillité d'un grand
» empire. Cet homme, qui avoit l'instinct de la
» politique, comme d'autres ont cru en avoir la
» science; qui n'avoit pas un sentiment, une pen-
» sée, une volonté qui n'eût pour objet l'affer-
» missement de l'autorité et le maintien de l'ordre,
» savoit que l'esprit de la religion est essentielle-
» ment un esprit conservateur, parce qu'elle
» commande toujours le respect des lois et la
» soumission à l'autorité publique; sous son mi-
» nistère, tout prit un caractère d'ordre, de dé-
» cence et de dignité. Tant que le cardinal de
» Richelieu vécut, rien ne troubla la paix de
» l'Église. »

Ce grand ministre juste, appréciateur du mérite, eut toujours pour Vincent la plus haute estime. Il nomma aux prélatures les candidats qu'il lui présentoit, confia aux missionnaires la cure de la ville qui portoit son nom, et donna des sommes considérables pour suppléer à la pension d'un grand nombre d'ecclésiastiques, qui étoient dans le séminaire de la Mission. Sa bienveillance pour la congrégation se manifesta encore par son testament, où il fit des legs considérables à la maison des missionnaires qu'il avoit fondée à Richelieu.

Louis XIII ne survécut que six mois à un ministre qui lui avoit été plus utile qu'agréable, et qu'il avoit eu cependant la sagesse de soutenir contre le choc de ses ennemis. Une maladie de langueur consumoit ce prince depuis long-temps. Lorsqu'il sentit sa fin prochaine, il fit appeler Vincent à Saint-Germain-en-Laye : le moment ou les courtisans disparoissent étoit celui où devoit se montrer l'homme de Dieu. Sans l'effrayer ni le flatter sur son état, le saint prêtre lui dit en l'approchant : « Sire, celui qui craint Dieu » s'en trouvera bien dans ses derniers momens : » *Timenti Dominum benè erit in extremis.* » Ce début n'étonna pas un roi accoutumé depuis long-temps à se nourrir des plus belles maximes de l'Écriture sainte; il répondit en achevant le verset : « *Et in die defunctionis suæ benedicetur*, » et il sera béni au jour de sa mort. » Vincent passa, cette première fois, environ huit jours à la cour; il étoit souvent auprès du prince, qui le voyoit et l'écoutoit avec le plus vif intérêt. Deux choses parurent occuper plus particulièrement Louis XIII mourant, la conversion des protestans et la nomination aux dignités ecclésiastiques. Ce fut en s'entretenant avec lui de ce dernier objet qu'il lui dit : « O Monsieur Vincent! si Dieu me ren- » doit la santé, je ne nommerois aucun évêque » qui n'eût passé trois ans avec vous. »

Vincent admira avec toute la cour la piété et le courage que Louis montra dans ses derniers momens. A l'approche de la mort, le religieux prince parloit de la certitude de sa fin comme d'une chose indifférente, et du voyage de l'éternité, comme d'un voyage agréable qu'il devoit bientôt faire. Le mieux qu'on croyoit quelquefois remarquer dans son état ne faisoit pas changer ses idées à cet égard. Aussi disoit-il, en apercevant des fenêtres de sa chambre les tours de l'église de Saint-Denis, où ses cendres devoient reposer : « Je ne sortirai d'ici que pour aller là. »

Le Roi ayant paru mieux, Vincent revint à Paris ; mais cette faible espérance s'étant bientôt dissipée, le Saint reçut l'ordre de se rendre de suite à Saint-Germain pour assister le prince dans ses derniers momens, et il ne le quitta plus : il le consoloit et le fortifioit. Lorsque le médecin déclara que Louis n'avoit plus que très-peu d'instans à vivre, le mourant joignit les mains, leva les yeux au ciel, et dit, sans aucune altération : *Eh bien ! mon Dieu, j'y consens de bon cœur !* Quelques minutes après il expira dans les bras de Vincent, le 14 mai 1643. Ainsi mourut, dans sa quarante-troisième année, ce Roi chrétien ; ainsi, de nos jours, après un long exil, et un règne encore agité par la même tempête qui avoit dispersé les fils de saint Louis, est mort Louis XVIII, dans l'antique palais de ses pères.

CHAPITRE XVII.

Régence d'Anne d'Autriche. — Vincent entre au conseil ecclésiastique.— Sa conduite dans cet emploi.

Louis XIV n'avoit pas cinq ans à la mort de son père; Anne d'Autriche, sa mère, avoit été nommée Régente du royaume par le testament de Louis XIII. Cette princesse, qui avoit eu beaucoup à se plaindre du ministère de Richelieu; parut d'abord disposée à éloigner de la cour et du pouvoir toutes les personnes qui avoient joui de la faveur de ce ministre. Cependant le cardinal Mazarin, qui lui devoit la pourpre romaine et son entrée au conseil, fut maintenu au même degré de puissance et de crédit. Il est vrai qu'aux premiers jours de la régence il servit utilement la Reine, en contribuant à faire annuler par le parlement la restriction que le testament de Louis XIII avoit mise à son autorité. A défaut de ce service, son habilité seule l'eût maintenu. On a dit de lui, « que c'étoit l'homme le plus agréa- »ble; qu'il avoit l'art d'enchanter, et qu'il faisoit »semblant, fort habilement, de n'être pas habile. »

Vincent, comme on le pense bien, ne fut pas de la cabale des *importans*, qui marqua les premiers jours du nouveau règne. Trop sage pour donner dans les intrigues, il se contentoit de porter la Reine au pardon des injures; il lui représenta que Mazarin avoit le secret et l'habitude des affaires, qu'il étoit laborieux, expéditif, de tout temps dévoué à la France : Mazarin fut maintenu dans le conseil, et il devint bientôt aussi puissant que Richelieu, quoique son caractère et son système de gouvernement fussent tout l'opposé de ceux de son prédécesseur.

Vincent ne s'applaudit pas long-temps d'avoir parlé en faveur de Mazarin, surtout lorsqu'il se vit lui-même élevé aux honneurs et nommé membre du conseil ecclésiastique, qui devoit examiner les affaires concernant la religion et les titres des candidats aux dignités épiscopales (1); ses collègues étoient : Mazarin, le chancelier Séguier, et l'abbé Charton, grand-pénitencier de Paris. Cette élévation le pénétra de douleur et presque de confusion. Au lieu d'en remercier la Reine, il la supplia de vouloir bien permettre qu'il ne l'acceptât pas; mais elle se garda bien d'y

---

(1) Collet veut que Vincent de Paul ait été président de ce conseil ; il n'y a aucune apparence qu'un simple prêtre ait été président d'un conseil dont un cardinal, premier ministre étoit membre : c'eût été un renversement de toutes les convenances, et la modestie seule de Vincent de Paul eût refusé un titre que Mazarin n'étoit pas d'ailleurs disposé à lui accorder.

consentir. Il désiroit avec tant d'ardeur d'échapper aux honneurs et aux hommages, que le bruit ayant couru, à l'occasion d'un de ses voyages accoutumés, qu'il étoit disgrâcié, il dit à un de ses amis, qui le félicitoit de la fausseté de cette nouvelle : « Ah ! plût à Dieu qu'elle fût vraie ! un misérable comme je suis n'est pas digne de cette faveur.

La Providence, en portant le saint prêtre au conseil de consciences, vouloit donner un grand exemple au monde ; ce fut en effet sur ce théâtre que Vincent fit éclater son inviolable fidélité au Roi, sa fermeté à soutenir les intérêts de l'Église, son respect profond pour l'épiscopat, et sa vertu la plus chère, une ardente et inépuisable charité. Quoiqu'il fut à la source des grâces, et que la Reine eût pour lui une considération particulière, il ne demanda jamais rien pour lui-même ni pour les siens; il ne pensa qu'à éloigner du sanctuaire ceux qui n'y étoient appelés que par la brigue, la cupidité et l'ambition. Mazarin, qui venoit d'être nommé premier ministre, étoit loin de penser et d'agir en tout comme son collègue au conseil ; sa politique étoit moins pure et moins désintéressée. Aussi y avoit-il fréquemment entre eux une opposition dans les vues et dans les choix. Vincent avoit obtenu de la Régente de ne paroître à la cour que lorsqu'il seroit appelé ; cette réserve lui facilita les moyens de veiller toujours sur sa congrégation, et d'échapper à beaucoup d'intrigues et de sollicitations. Il se rendoit au conseil dans le même équipage qui le conduisoit dans les villages avec ses missionnaires; il ne blessa jamais les bienséances, mais encore moins la modeste simplicité qu'il aimoit tant. On remarqua que jamais il ne prit de soutane neuve pour aller à la cour, que jamais il ne se prévalut des égards que la Reine avoit pour lui. Plus il se vit honoré, plus il s'abaissa, « je demande à Dieu, disoit-il un jour, » d'être tenu pour un insensé, afin qu'on ne » m'emploie plus dans cette sorte de commission, » et que j'aie le loisir de faire pénitence. »

Le prince de Condé ayant voulu le faire asseoir auprès de lui, « votre altesse, lui dit-il, me » fait trop d'honneur de vouloir bien me souffrir » en sa présence; ignore-t-elle donc que je suis » le fils d'un pauvre villageois! » Les mœurs et la bonne vie, lui repliqua ce sage prince, sont la vraie noblesse de l'homme : *Moribus et vitâ nobilitatur homo.* Il ajouta que ce n'étoit pas d'aujourd'hui qu'on connoissoit son mérite. Cependant, pour en juger pleinement, le prince fit tomber la conversation sur quelques points de controverse, que Vincent discuta avec tant de netteté et de précision, que le prince se crut obligé de lui faire ce reproche honorable : « Hé quoi! M. Vincent, vous dites, vous prêchez partout que vous êtes un ignorant, et cependant vous résolvez en deux mots une des plus grandes difficultés qui nous soit proposée par les religionnaires. » Il lui demanda ensuite l'éclaircissement de quelques doutes concernant le droit canon; et ayant été aussi content de lui sur cette matière que sur l'autre, il passa dans l'appartement de la Reine et la félicita du choix qu'elle avoit fait d'un homme si capable.

Dès le premier conseil où Vincent assista, il présenta un plan de réforme sur les pensions, les coadjutoreries, l'âge requis pour chaque espèce de bénéfice, et les dévolus dont l'abus étoit poussé au dernier point. Il obtint qu'on n'expédiât aucun brevêt pour les dévolus, sans avoir préalablement examiné si les titulaires légitimes des bénéfices n'étoient pas évincés par la fraude et la cupidité, et si les titres des dévolutaires étoient canoniques. Cet examen, dont il fut chargé, conserva à beaucoup d'ecclésiastiques vertueux, et à de bons pasteurs, leurs bénéfices et leur troupeau. Mais de si sages mesures ne furent pas long-temps exécutées; le conseil ecclésiastique ne conserva ses attributions que le temps qu'il fallut à Mazarin pour affermir son autorité; dès qu'il s'apperçut qu'il étoit devenu nécessaire à la Reine, il s'assura de la majorité dans les délibérations, et disposa à son gré des abbayes et des évêchés. Il trouva cependant toujours dans Vincent un homme qui, pour nous servir des expressions de madame de Motteville, « étoit »tout d'une pièce, et qui n'avoit jamais songé à »gagner les bonnes grâces des gens de la cour. » Pour la réussite des promotions de ses créatures, Mazarin profitoit surtout de son absence, et du temps où quelque maladie ne lui permettoit pas d'assister au conseil. Une fois, que la cour étoit hors de Paris, il lui écrivit pour lui annoncer la nomination d'un ecclésiastique à un évêché.

Sa lettre jetta Vincent dans un embarras d'autant plus grand, que le choix tomboit sur un sujet qui n'en étoit pas digne. Mais il ne fut pas long-temps partagé entre le respect qu'il avoit pour les ordres de la Reine, de son premier ministre, et les devoirs de sa place, qui lui commandoient de ne donner à l'Église que des chefs dignes d'elle. Convaincu que l'ecclésiastique qui venoit d'être nommé à cet évêché, ne possédoit pas les qualités que demandoit ce poste éminent, qu'il n'avoit d'autre mérite que celui de ses ayeux, il prit aussitôt le parti qui lui parut le plus sage; le père du nouvel évêque étoit son ami ; il alla le trouver, lui représenta les devoirs de l'épiscopat, le peu d'expérience de son fils, et lui déclara qu'il étoit obligé en conscience de renvoyer à la cour le brevet de nomination, s'il ne vouloit exposer son salut et celui de son fils. Cet homme avoit un fonds de piété, il estimoit Vincent, et ne pouvoit douter que le conseil qu'il lui donnoit ne fût dicté par la sagesse, et par le plus parfait désintéressement; il l'écouta avec attention, et lui promit de penser sérieusement à ce qu'il lui proposoit; mais quelques jours après, l'ayant revu, il lui dit : « O Monsieur ! ô Monsieur Vincent, que vous m'avez fait passer de mauvaises nuits! je sens toute la justesse de vos raisons, mais pensez à l'état de ma maison, à mon âge avancé, au nombre de mes enfans, à l'obligation où je suis de les placer avant de mourir. Mon fils s'entourera d'ecclésiastiques vertueux et éclairés, qui l'aideront à remplir dignement les fonctions épiscopales. Je ne crois pas devoir perdre l'occasion de sa fortune. » Vincent n'insista plus; mais le père se repentit bientôt doublement de n'avoir pas suivi le conseil de la sagesse et de l'amitié. A peine son fils fut-il consacré, que la mort l'enleva. Une conduite si ferme et si digne des premiers pasteurs de l'Église, obtint la récompense qui lui est presque toujours réservée dans ce monde : Vincent fut en butte aux plus amères railleries, aux plus noires calomnies.

On tâcha de le perdre dans l'esprit de la Reine, du ministre, et de tout ce qu'il y avoit de gens de bien dans le royaume. Un indigne ecclésiastique osa dire, chez une personne de la plus haute distinction, que cet homme, si ennemi de la simonie dans les autres, s'en accommodoit assez bien pour lui-même, et que depuis peu, il avoit procuré à quelqu'un un bénéfice, moyennant une bibliothèque et une somme d'argent. Cette calomnie fut d'abord débitée à l'oreille, avec toutes les précautions qui devoient en assurer le succès, aussi se répandit-elle bientôt dans tout Paris. Un des amis de Vincent l'en avertit. Quelque accoutumé qu'il fût à souffrir sans murmurer les injustices des hommes, une si noire imputation l'émut un peu, et, dans un premier mouvement, il commença une lettre pour se justifier. Mais à peine avoit-il écrit quelques lignes qu'il se reprocha sa sensibilité, et que, plein de l'esprit de saint François de Sales, qui avoit été calomnié d'une manière encore plus noire, il s'écria, en s'adressant à lui-même : « Malheureux ! à quoi » penses-tu ? Quoi ! tu veux te justifier, et tu » viens d'apprendre qu'un chrétien, faussement » accusé à Tunis, a demeuré trois jours dans les » tourmens, et est enfin mort, sans prononcer » une parole de plainte, quoiqu'il fût innocent » du crime qu'on lui avoit imputé ! Et toi, tu te » veux excuser ! Non ! il n'en sera pas ainsi ! » A ces mots, il quitta la plume, et laissa au public, toujours avide de diffamation, la liberté de penser de lui tout ce qu'il voudroit. La calomnie tomba d'elle-même par la mort du calomniateur.

Vincent ne se vengea de cette injure que par de nouvelles vertus. Malgré les ruses et les intrigues de Mazarin, malgré les ressorts que l'on faisoit jouer pour faciliter les mauvais choix, plusieurs évêques, l'honneur de l'épiscopat, et entre autres l'illustre Fléchier, évêque de Nismes, ont reconnu plus tard que le clergé de France devoit à Vincent sa splendeur et son influence. D'une main forte et hardie, le généreux prêtre repoussa toujours du sanctuaire tous ceux qui ne méritoient pas d'y être admis et qui vouloient en forcer l'entrée. Plein d'une sainte indignation, il bravoit et les digrâces et le courroux de ces hommes puissans et fiers, qui n'oublient jamais qu'on a osé leur résister ; il recommandoit vivement à la Reine les gentilshommes qui avoient été blessés à la guerre, mais il ne pouvoit souffrir qu'on leur donnât des pensions ecclésiastiques. Il représenta toujours avec fermeté qu'elles n'appartenoient qu'à ceux qui avoient les qualités requises par les canons.

La conservation du temporel des bénéfices du royaume occupoit aussi son attention ; ce fut d'après ses instances qu'on écrivit, de la part du Roi, à tous les procureurs généraux des parlemens de poursuivre les avides bénéficiers, qui, pourvus des plus riches abbayes, laissoient tomber en ruines les bâtimens et même les églises. La calomnie n'ayant pu atteindre Vincent, on l'attaqua avec d'autres armes.

Un des principaux magistrats du royaume, homme puissant à la cour, se donnoit beaucoup de mouvement pour procurer une abbaye à son fils, qui ne la méritoit pas. Dans la juste crainte qu'il eut d'être traversé par Vincent, il s'efforça de le gagner, et, pour en venir à bout, il lui fit dire que, pourvu qu'il ne lui fût pas contraire, il avoit des moyens sûrs, et sans qu'il s'en mêlât, de faire rentrer à la maison de Saint-Lazare beaucoup de biens, dont elle avoit été dépouillée. Vincent lui fit cette simple réponse : « Pour tous » les biens de la terre, je ne ferai jamais rien » contre Dieu et ma conscience. La compagnie » ne périra point par la pauvreté. Je crains plu- » tôt que si la pauvreté lui manque, elle ne vienne » à périr. »

Malgré l'ascendant que Mazarin exerçoit sur la régente, cette princesse reconnut plus d'une fois qu'elle avoit suivi trop aveuglément ses avis dans les nominations aux évêchés, et elle se promettoit bien de n'en plus donner, qu'après avoir tenu un conseil privé avec l'homme qui, dans cet objet si important, ne consultoit que les véritables intérêts de l'Église; mais l'adroit ministre savoit faire oublier à la Reine ses bonnes résolutions.

Cependant Vincent rendit encore de grands services à l'épiscopat. C'est lui qui, dans plusieurs entretiens avec le président Molé, empêcha que les appels comme d'abus ne produisissent un effet tout contraire à celui pour lequel on les avoit établis; c'est lui qui osa représenter à plusieurs évêques, que la douceur, la patience, l'humiliation même devoient être leurs premières armes, et qu'il ne falloit en venir à l'excommunication qu'après avoir épuisé tous les autres moyens; c'est lui qui fit réprimer la licence de la presse, cette nouvelle plaie des sociétés modernes. Toujours occupé de l'amélioration du sort des prisonniers, il proposa à la Reine et il obtint d'elle qu'un ecclésiastique assistât constamment les détenus à la Bastille, et qu'il préparât leur réconciliation avec leur Dieu et leur roi.

Dans la séance mémorable de la Chambre des Députés du 25 mai de cette année, M. l'évêque d'Hermopolis a dit : « Le plus célèbre des missionnaires est saint Vincent de Paul, qui, aux vertus d'un saint, joignit la tête d'un législateur. » Ce jugement d'un si grand poids suffiroit seul pour faire connoître la place et la conduite qu'il tint au conseil du Roi. C'est nous dire, d'un seul mot, qu'il fut toujours animé de la passion du bien; qu'il n'ouvrit jamais que les avis de la sagesse; qu'il fut fidèle au secret des délibérations, et d'un désintéressement qui, à la honte de cette civilisation si vantée, n'est plus de notre âge. Chargé de la distribution d'un grand nombre de bénéfices, il eût aisément trouvé les moyens d'en faire réunir quelques-uns aux maisons de sa congrégation, qui étoient très-pauvres. Jamais il n'en eut même la pensée. Il poussoit si loin l'abnégation de lui-même, qu'il faisoit tomber sur d'autres les grâces que la Reine lui destinoit. Aussi cette princesse avoit pour lui une estime qui tenoit de la vénération; il n'y avoit rien qu'il ne pût attendre de ses bontés. Le bruit s'étant répandu même qu'elle vouloit le décorer de la pourpre romaine, et ses amis s'étant empressés de l'en féliciter, il leur répondit de manière à éloigner pour toujours de semblables félicitations.

Un d'entre eux lui offrit un jour 100,000 liv., de la part de quelques personnes qui désiroient faire passer au conseil des propositions utiles pour elles, mais qui cependant n'avoient rien d'onéreux pour le peuple : « Dieu m'en préserve! » répondit le saint : « j'aimerois mieux mourir » que de dire une parole sur ce sujet. »

CHAPITRE XVIII.

Missions à Cahors, à Marseille et à Sédan. — Vincent tombe dangereusement malade. — Fondation des Orphelines, des Filles de la providence, des Filles de la croix et de l'hôpital des Enfans trouvés.

Les grandes affaires de l'Église ne faisoient pas négliger à Vincent les occupations de la charité et les exercices des missions. Il envoya cette année trois de ses prêtres à Cahors, où ils fondèrent un séminaire; d'autres partirent pour Marseille, où ils firent des missions sur les sept plus grandes galères. Un d'eux y mourut, accablé des mêmes travaux sous lesquels avoit succombé M. de Montevit à Bar-le-Duc. Il fut pleuré comme un père par toute la population. La duchesse d'Aiguillon établit pour toujours à Marseille, par une fondation particuliere, les enfans de Vincent. Sédan et Montmirel les reçurent cette année; les habitans de cette derniere ville, qui avoient joui long-temps de la présence de Vincent, et ressenti si souvent les effets de sa charité, virent avec joie ses enfans venir habiter parmi eux pour continuer son ministère de bienfaisance : il se réjouissoit aussi lui-même des progrès de sa famille; jamais, disoit-il dans une lettre, « l'on n'a vu plus de régularité, plus »d'union et de cordialité que l'on n'en voit à »présent : mais un grand calme annonce toujours »quelque tempête. »

Ce pronostic ne se vérifia que trop tôt. La congrégation fut sur le point d'éprouver le plus grand malheur qui pût lui arriver : Vincent tomba dangereusement malade. Tant d'occupations domestiques et étrangères, la peine infinie qu'il avoit de se voir au conseil, les embarras que lui donnoit cet emploi, qu'il appeloit *son martyre*, le manque absolu de repos, dans un âge déjà avancé, tant de fatigues épuisèrent ses forces. La maladie prit d'abord un caractère alarmant; à cette nouvelle, tous les gens de bien s'allarmèrent : son ami, le Père Jean-Baptiste de Saint-Jure, de la compagnie de Jésus, accourut auprès de lui, et eut la douleur de le trouver dans un violent transport, au milieu duquel le Saint ne s'occupoit cependant que de pieuses pensées. Le ciel le rendit aux vœux de ses enfans et aux prières de tant de gens de bien; à peine fut-il rétabli, qu'il reprit ses travaux, comme s'ils n'avoient pas failli le conduire au tombeau. Après avoir rendu les derniers devoirs au cardinal de Larochefoucault, qui mourut dans ses bras comme Louis XIII, il fit un voyage à Richelieu, où on le vit occupé du matin au soir.

Sa captivité en Barbarie, qui se rappelait sans cesse à son souvenir, lui inspira la généreuse pensée de venir au secours des esclaves chrétiens détenus à Alger et à Tunis. Il choisit, pour cette mission lointaine et périlleuse, un homme qui avoit servi autrefois dans les armées, et qui vouloit servir la religion et l'humanité avec le même dévoûment qu'il avoit servi son Roi. Il se nommoit Julien Guérin, du diocèse de Bayeux. Ce missionnaire passa les mers, pénétra dans les prisons des pauvres esclaves, comme un ange consolateur, leur fit bénir le nom français, devint leur ami, leur compagnon, et, après quatre ans de séjour dans leurs bagnes, il mourut dans leurs bras, de la peste dont il vouloit les délivrer. Heureusement que Vincent lui avoit envoyé un collaborateur digne de lui, Jean Levacher, natif l'Écouen près Paris, qui, pendant trente-trois ans, continua ce ministère de charité, et le termina par le martyre, ayant été mis à la bouche d'un canon, lorsque les François vinrent bombarder Alger.

Pendant que ses missionnaires se dévouoient pour l'humanité, Vincent recueillit les prêtres catholiques que les persécutions de Cromwell chassoient de l'Angleterre. Il voulut les réunir dans le même asile : mais telle étoit la suite des divisions sanglantes qui affligeoient les trois royaumes, que ces pauvres fugitifs n'en furent pas exempts dans le pays même qui leur donnoit une si touchante hospitalité. De paisibles conférences qu'on avoit ouvertes pour eux, furent rompues par des discussions politiques ; on eut beau leur représenter qu'il n'étoit pas question de savoir si l'Écosse avoit raison, et si l'Irlande avoit tort : le malheur commun, qui ordinairement lie les hommes et établit parmi eux une douce fraternité, n'a point de pouvoir sur les esprits divisés par les opinions de parti.

C'est à cette époque qu'il prit hautement la défense de son ami M. Ollier, fondateur du séminaire de Saint-Sulpice, et curé de la paroisse de ce nom. Il le soutint non-seulement contre une populace mutinée, mais auprès de la Reine et du ministère.

Si Vincent sollicitoit la bienveillance des grands et des riches, ce n'étoit jamais qu'en faveur des pauvres. Des dames de la première distinction lui ayant offert une somme de 600,000 fr. pour bâtir une église, il la refusa en disant que les pauvres commençoient à souffrir, qu'il falloit tenir cette somme en réserve pour eux, que les premiers temples que demandoit Jésus-Christ sont ceux de la charité et de la miséricorde.

Dans le même temps un particulier, qui avoit donné un fonds de 4,000 francs pour les missions, tomba dans le besoin : dès que Vincent en fut informé, il lui écrivit qu'il pouvoit disposer de l'intérêt de cette somme, et que, si cela ne lui suffisoit pas, il pouvoit disposer de tout le capital. Pour l'engager à parler en toute liberté, le Saint lui mandoit que ce n'étoit pas la première fois qu'il avoit agi ainsi; qu'il avoit fait rendre au curé de Vernon 600 livres de rente données par celui-ci à la congrégation. Quelques années après, ayant craint qu'un autre de ses bienfaiteurs, qu'on disoit avoir éprouvé des malheurs, se repentît de sa libéralité, « Je vous supplie, lui dit Vincent, d'user du bien de notre compagnie comme du vôtre; nous sommes prêts à vendre pour vous tout ce que nous avons, et jusqu'à nos calices : nous ne ferons en cela que ce qu'ordonnent les saints canons, qui est de rendre à notre fondateur, en ses besoins, ce qu'il nous a donné dans son abondance; et ce que je vous dis, Monsieur, je ne le dis point par cérémonie, mais devant Dieu, et comme je le sens au fond du cœur. »

Vincent continuoit à être le bienfaiteur des prêtres irlandais et de tous les catholiques de ce royaume qui fuyoient la tyrannie de Cromwell, lorsque le pape Innocent X l'invita à venir au secours de toutes les églises de l'île. Il lui fit savoir que la religion, violemment attaquée par les anglicans, couroit risque d'être totalement anéantie en Irlande; que les fidèles, manquant de pasteurs, vivoient dans une ignorance absolue des vérités chrétiennes; il l'exhorta à combattre l'hérésie par des missions et des actes de charité. Pour obéir à la voix du chef de l'Église Vincent choisit dans sa congrégation huit prêtres capables de recueillir une si belle moisson: cinq avoient été élevés dans les îles de la Grande-Bretagne, et en connoissoient parfaitement la langue et les mœurs. Au moment de leur départ, ils se jetèrent aux pieds de leur instituteur pour lui demander sa bénédiction. Après avoir prié le Dieu de miséricorde de les bénir lui-même, il leur dit : *Soyez unis ensemble et Dieu vous bénira*. Ils n'étoient pas encore sortis de France, qu'ils répondirent à ses espérances : obligés d'attendre à Nantes les vents favorables, ils se répandirent dans les campagnes pour instruire, avec l'agrément des pasteurs, les pauvres paysans. Ils servirent et consolèrent les malades dans les hôpitaux. Les dames de charité des paroisses qu'ils parcoururent, apprirent d'eux la meilleure manière de les soigner et de leur préparer tous les genres d'assistance. A Saint-Nazaire, où ils furent encore retenus par les vents, ils occupèrent aussi utilement leurs loisirs. Après avoir essuyé une forte tempête ils arrivèrent enfin à Limerick en Irlande, où ils éprouvèrent de nouvelles traverses, dont ils sortirent heureusement.

Vincent fut assez heureux cette année pour reprendre ses travaux apostoliques. La Reine ayant conduit le jeune Roi en Picardie, pour rassurer cette province et ranimer le courage des soldats, Vincent profita de l'absence de la cour pour faire une mission à Mouy, diocèse de Bayeux; à la prière de la princesse de Conti, il y établit la confrérie de la Charité, qui a rendu de si grands services à cette ville. De retour à Paris, où tant d'autres établissemens fondés et soutenus par lui l'appeloient, il donna tous ses soins à la communauté des Filles de la Providence, dont il étoit supérieur, et que madame de Pollalion avoit fondée depuis quatre ans.

Cette pieuse veuve, compagne fidèle de madame Legras, élevée comme elle à l'école de

Vincent, avoit ouvert un asile aux jeunes personnes de son sexe qui, privées ou abandonnées de leurs parens, trouvent à chaque pas un piége et un danger. Avant d'approuver cet établissement, l'archevêque de Paris voulut avoir l'avis de Vincent, qui, d'après ses ordres, y fit deux visites, afin de reconnoître les talens et la vocation des personnes qui se présentoient pour former cette nouvelle communauté. De trente filles qui y étoient alors, il en choisit sept qui lui parurent les plus capables de remplir le but de l'institution, et auxquelles il donna des instructions dignes de sa sagesse et de son expérience.

Il paroît que ce fut lui qui, quatre ans après, engagea Anne d'Autriche à leur donner l'hôpital de la Santé, situé au faubourg Saint-Marcel. Cette princesse les visitoit souvent pendant ses fréquentes retraites au Val-de-Grâce; elle aimoit à voir sous ses yeux cette touchante institution dont elle espéroit les plus grands avantages. Cette espérance n'a pas été trompée : la maison de la Providence a été toujours vraiment digne de ce nom.

Une autre fondation non moins intéressante, celle des Orphelines, s'éleva dans le même temps au Pré-aux-Clercs, sous les auspices de mademoiselle de l'Étang; Vincent l'invita à se concerter avec madame Legras, qui possédoit le talent de faire réussir toutes les saintes entreprises. Il se reposa sur elle de tous les détails, mais il n'en secourut pas moins mademoiselle l'Étang lorsque sa maison eprouva des besoins. Il eut aussi part à la fondation des Filles de Sainte-Geneviève.

Mais il n'est point d'établissement qui lui doive plus que celui des Filles de la Croix. L'éducation des filles devant appartenir exclusivement aux personnes de leur sexe, quatre dames s'étoient réunies à Roye en Picardie, pour s'y consacrer. La guerre les obligea de se réfugier à Paris, où madame l'Huillier de Villeneuve les reçut dans sa maison, et fit de leur zèle et de leur talent un essai qui l'excita à partager leurs travaux. Avant de s'y engager, elle consulta Vincent, qui l'encouragea et lui apprit à former des élèves. L'archevêque de Paris approuva leurs constitutions, le Roi leur donna des lettres patentes, et elles prirent le nom des Filles de la Croix. La mort de madame l'Huillier les plongea dans de nouvelles afflictions; elles se virent abandonnées de leurs plus puissans protecteurs, qui furent tous d'avis qu'on supprimât cette communauté, ou qu'on la réunît à quelque autre. On tint à ce sujet plusieurs conférences, où toutes les voix furent pour la suppression.

Vincent, qui y assistoit, fut seul d'un avis contraire; il soutint et il persuada qu'il falloit tout faire pour conserver cet utile établissement. « C'est l'ouvrage de Dieu, dit-il à M. Abely, il ne » faut pas le détruire. Cette communauté n'est » aujourd'hui que de cinq filles; mais leur nombre » se multipliera. Le ruisseau est foible, mais il » recevra des eaux qui le rendront plus abon- » dant. » Cette prédiction ne tarda pas à se vérifier. Mme. de Traversay, que Vincent intéressa aux Filles de la Croix, surmonta, par sa patience et son crédit, tous les obstacles qui avoient entouré le berceau de leur institution. Il falloit bien que Vincent en connût l'importance et les avantages, car il étoit tellement en garde contre les nouvelles communautés qu'il ne craignit pas d'encourir la disgrâce de l'archevêque de Paris en s'opposant, dans le conseil du Roi, à ce que des religieuses fondassent un couvent à Lagni.

L'archevêque de Paris, qui les protégeoit, témoigna hautement qu'il étoit mécontent de Vincent. Instruit de cette disposition du prélat, Vincent lui écrivit, avec autant de respect que de fermeté, qu'il étoit vrai que la Reine, à son retour d'Amiens, lui avoit parlé du nouveau couvent des religieuses de Lagni; qu'il étoit encore vrai qu'il s'y étoit opposé, mais qu'il avoit eu de fortes raisons pour en agir ainsi; que depuis long-temps il avoit été arrêté dans le conseil qu'on ne permettroit plus de nouveaux couvens; que plusieurs de ces fondations s'anéantissoient d'elles-mêmes; que quelques-unes avoient excité des plaintes; enfin qu'on ne connoissoit pas assez l'esprit de la Reine, quand on la croyoit « capable » de changer du blanc au noir; que pour lui, il » ne pouvoit se repentir, ni se dédire d'un avis » qu'il n'avoit donné qu'en la seule vue de » Dieu. » L'archevêque conserva son estime et son attachement à celui qui en étoit si digne.

Les missions de l'île de Madagascar occasionèrent dans le même temps à la congrégation de grandes pertes. Cette terre barbare dévora une multitude d'apôtres. La constance de Vincent, dans cette grande entreprise, ne servit malheureusement qu'à prouver que sa charité et son zèle n'avoient d'autres bornes que celles de l'univers. Nous ne suivrons pas les enfans de Vincent dans cette mission lointaine; nous aimons mieux nous arrêter au plus beau monument de sa vie.

La misère et le libertinage avoient multiplié dans Paris les enfans trouvés; ils étoient exposés à la porte des églises et sur les places publiques; les commissaires du Châtelet les enlevoient, par ordre de la police, et c'étoit là le seul secours qu'ils en reçussent. On les portoit chez une veuve de la rue Saint-Landri, qui devoit se charger du soin de leur nourriture; mais le nombre de ces enfans étoit si grand et les ressources si modiques, que cette veuve ne pouvoit ni entretenir assez de nourrices pour les allaiter, ni élever ceux qui étoient sevrés. La plupart mouroient de langueur. Ceux qui échappoient étoient donnés à qui vouloit les prendre, ou vendus pour vingt sous. On trafiquoit de ces pauvres enfans comme des agneaux destinés à la boucherie. Les uns servoient à téter des femmes malades, dont le lait corrompu insinuoit dans leurs veines la contagion et la mort: d'autres étoient substitués à des enfans de famille, que la négligence des nourrices avoit fait périr, et dépouilloient, sans le savoir, les héritiers légitimes.

Il n'en falloit pas tant pour intéresser Vincent au sort de tant d'innocentes victimes. Il pria les dames de son assemblée d'aller visiter la maison de la Couche (c'est le nom que l'on donnoit à celle de la veuve de la rue Saint-Landri), et de proposer toutes les mesures qui pourroient arrêter, ou du moins diminuer un aussi grand mal. Ces dames furent effrayées du spectacle que leur offroit cette multitude d'enfans presque abandonnés. Elles ne pouvoient se charger de tous, elles voulurent en sauver au moins quelques-uns. N'ayant pas la force de faire un choix, elles en tirèrent douze au sort; on loua pour eux une maison à la porte Saint-Victor. Mme. Legras, dont le nom accompagne toujours celui de Vincent, en prit soin avec les Filles de la Charité. On essaya d'abord de les nourrir avec du lait de chèvre et de vache; mais dans la suite on leur donna des nourrices. Aux douze premiers enfans, les dames en joignirent chaque jour d'autres, qu'elles tiroient également au sort. Elles auroient voulu les adopter tous, car la différence qu'on remarqua bientôt entre les enfans restés dans la rue Saint-Landri et ceux qui en avoient été retirés, étoit trop sensible et trop affligeante. Vincent convoqua une assemblée générale dans laquelle il parla d'une manière si touchante, en faveur de *ces petites créatures*, que toutes les dames présentes résolurent de faire de nouveaux sacrifices pour elles; mais comme on ne put réunir qu'un fonds de 12,000 francs pour faire face à une si grande dépense, la sagesse prescrivit de chercher ailleurs des secours. Vincent alla à la porte des grands et des riches. Anne d'Autriche, qui la première reçut sa visite, fut si sensible à la peinture qu'il lui fit du déplorable état de ces enfans, qu'elle leur obtint du Roi 12,000 livres de rente sur les cinq grosses fermes.

Mais les secours envoyés en Lorraine, les troubles de l'État, le nombre des enfans qui croissoit toujours, et dont l'entretien alloit au-delà de 40,000 francs, toutes ces causes effrayèrent tellement ces dames qu'elles dirent toutes, comme de concert, que cette grande entreprise passoit leurs forces, et qu'elles ne pouvoient plus la soutenir. Ce découragement général redoubla l'intérêt et la pitié de Vincent pour ces infortunés. Il convoqua une assemblée générale, à laquelle assistèrent Mmes. de Marillac, de Traversay, de Miramion et beaucoup d'autres. Il fit placer, dans le lieu de l'assemblée, un grand nombre de ces pauvres enfans, qui tous lui tendoient les bras, et ce fut au milieu d'eux qu'il prononça, les yeux baignés de larmes et avec l'accent du cœur, ce discours, monument éternel de charité et d'éloquence chrétienne : « Or sus, Mesdames, la com-
» passion vous a fait adopter ces petites créatures
» pour vos enfans, vous avez été leurs mères se-
» lon la grâce, depuis que leurs mères selon la
» nature les ont abandonnés : voyez maintenant
» si vous voulez les abandonner aussi. Cessez
» d'être leurs mères pour devenir leurs juges,
» leur vie et leur mort sont entre vos mains : je
» m'en vais prendre les voix ; il est temps de
» prononcer leurs arrêts, et de savoir si vous ne
» voulez plus avoir de miséricorde pour eux. Ils

» vivront si vous continuez d'en prendre un cha-
» ritable soin ; au contraire, ils périront infailli-
» blement si vous les abandonnez : l'expérience
» ne vous permet pas d'en douter. » On ne répondit à cette pathétique exhortation que par des
sanglots ; et le même jour, dans la même église,
dans le même instant, dit l'abbé Maury, l'hôpital
des Enfans-Trouvés de Paris fut fondé, et doté
de 40,000 francs de rente. (1)

Avec quelle vérité et quel sentiment de reconnoissance les enfans abandonnés doivent s'écrier
d'âge en âge avec un prophète : « Ceux qui m'ont
» donné la vie m'ont abandonné ; mais Dieu, par
» l'entremise d'un serviteur tendre et charitable,
» m'a pris sous sa protection : *Pater meus et ma-*
» *ter mea dereliquerunt me ; Dominus autem as-*
» *sumpsit me.* »

Les dépenses que fit Vincent pour cet établissement, son plus beau titre à l'immortalité, devinrent telles qu'elles excitèrent les plaintes de
quelques-uns de ses prêtres. Un d'eux dit publiquement qu'en appliquant à ces enfans les aumônes qu'on auroit pu faire à la maison de Saint-
Lazare, on la ruinoit complètement. Vincent, à
qui ce discours peu chrétien fut rendu, y répondit par ces paroles :

« Dieu lui pardonne cette foiblesse, qui le

---

(1) Une belle fresque, peinte par Guillemot dans la chapelle de St. Vincent de Paul, à Saint-Sulpice, re-présente ce beau sujet.

Sur le mur opposé de la même chapelle, une autre fresque du même peintre représente St. Vincent de Paul assistant Louis XIII à ses derniers momens.

» fait ainsi s'éloigner des sentimens de l'Évan-
» gile. O quelle bassesse de foi de croire que,
» pour faire procurer du bien à des enfans pauvres
» et abandonnés comme ceux-ci, Notre-Seigneur
» ait moins de bonté pour nous, lui qui promet
» de récompenser au centuple ce qu'on donnera
» pour lui ! Puisque ce débonnaire Seigneur a dit
» à ses disciples : *Laissez venir ces enfans à moi*,
» pouvons-nous, sans lui être contraires, les re-
» jeter ou les abandonner lorsqu'ils viennent à
» nous ? Quelle tendresse n'a-t-il pas témoignée
» pour les petits enfans, jusqu'à les prendre dans
» ses bras et les bénir de ses mains ? N'est-ce pas
» à leur occasion qu'il nous a donné une règle de
» salut, nous ordonnant de nous rendre semblables
» à de petits enfans, si nous voulons avoir entrée
» au royaume des cieux.... ? Pourvoir aux besoins
» des enfans trouvés c'est prendre la place de
» leurs pères et de leurs mères, ou plutôt celle
» de Dieu, qui a dit que si une mère venoit à ou-
» blier son enfant, lui-même en prendroit soin
» et ne l'oublieroit pas. Si Notre Seigneur vivoit
» encore sur la terre et qu'il vît des enfans aban-
» donnés, penserions-nous qu'il voulût aussi les
» abandonner ? Ce seroit sans doute faire injure
» à sa bonté infinie que d'avoir une telle pensée.
» Comment donc la peine que nous avons à les
» soutenir seroit-elle pour nous une raison de les
» abandonner, pour nous, dis-je, que la Provi-
» dence a chargés de procurer leur bien spirituel
» et leur conservation temporelle ? »

CHAPITRE XIX.

Troubles de la fronde. — Vincent est persécuté comme royaliste. — Il quitte Paris. — Ses voyages et ses dangers dans les provinces.

Heureusement que le sort des Enfans-Trouvés fut assuré avant les troubles de la Fronde, qui commencèrent cette année, et épuisèrent toutes les ressources de l'État et des particuliers. Cette guerre civile, que la politique ferme et imposante du cardinal de Richelieu eût étouffée à sa naissance, ne dut son origine qu'à la foiblesse et à la duplicité de Mazarin : l'ambition du parlement de Paris, long-temps contenue, crut pouvoir tout tenter sous la régence d'une femme et sous le ministère d'un étranger : de concessions en concessions, l'autorité étoit passée au parlement, qui, dans une chambre dite de Saint-Louis, vouloit régler et décider les intérêts de l'État. Les jeunes conseillers qui composoient cette chambre vouloient qu'on les crût les amis et les protecteurs du peuple; mais ils songeoient plus aux intérêts de leur corps ou à ceux de leur propre ambition qu'au bien public. Au milieu de ces factieux, François de Gondi, coadjuteur de l'archevêque de Paris, se distinguoit par son audace, son ingratitude envers la cour et par la légèreté de ses mœurs. Un autre personnage se signaloit aussi, mais par sa fidélité à son roi, son inébranlable fermeté et par toutes les vertus antiques; c'étoit le premier président Molé.

L'arrestation de trois conseillers les plus fougueux fut comme le signal de la révolte. A la voix de Gondi, la population des halles et des faubourgs Saint-Marceau et Saint-Antoine se souleva comme aux jours de notre Révolution, forma des barricades dans les rues et délivra un des conseillers. Les deux partis se donnèrent des noms de faction. Les partisans de la cour s'appelèrent *Mazarins*; ceux du parlement, *Frondeurs*, du nom d'un jeu d'enfans qui, partagés en plusieurs bandes dans les fossés de la Bastille, se lançoient des pierres avec la fronde. Les troubles ayant pris un caractère alarmant, la Reine crut devoir se retirer à Saint-Germain-en-Laye, emmenant avec elle l'espoir de la France, son fils, le jeune Louis, qui devoit un jour régner avec tant de gloire.

Pendant ces jours d'orage, Vincent se conduisit tout à la fois en sujet fidèle et en bon citoyen. Prévoyant que la famine suivroit de près la révolte, il voulut réserver, pour les besoins des pauvres, les provisions destinées à la subsistance de toutes ses maisons. Il congédia tous les séminaristes, dispersa dans les campagnes ses missionnaires et ferma tous ses colléges. Après avoir pris ces sages précautions. Il résolut de se rendre à Saint-Germain auprès de la Reine, pour l'éclairer sur l'état de la capitale et la conduite de Mazarin. La confiance que cette princesse lui avoit toujours accordée lui faisoit espérer que la mission qu'il alloit remplir spontanément pourroit être utile aux deux partis.

Il sortit de Paris le 13 janvier 1649, avant le jour, et prit la route de Saint-Germain. En sage politique, il ne s'ouvrit à personne de sa démarche; mais, pour ne point donner d'ombrage au parlement, qui eût trouvé mauvais qu'un homme comme lui eût quitté Paris sans rien dire, il remit à son premier assistant une lettre pour le premier président Molé, avec lequel il eût toujours les rapports de la plus haute estime. Il lui disoit en deux mots qu'il se rendoit à la cour pour y travailler à la paix; que s'il n'avoit pas eu l'honneur de lui rendre ses devoirs avant son départ, c'étoit uniquement pour pouvoir assurer la Reine qu'il n'avoit concerté avec personne ce qu'il alloit lui dire.

Comme Paris étoit sous les armes et qu'il y avoit des gardes avancées dans tous les faubourgs, il fut obligé de faire un grand circuit : il ne faisoit pas encore grand jour quand il entra dans Clichi, son ancienne paroisse. Cette obscurité pensa lui être fatale. Les habitans de ce village, ayant été pillés la veille par des cavaliers, avoient pris les armes pour les repousser, en cas d'une nouvelle attaque. Au bruit de deux hommes à cheval, ils donnèrent l'alerte et s'avancèrent les uns la pique à la main, les autres le fusil bandé et prêts à faire feu. Le compagnon de Vincent, qui n'étoit pas bien aguerri, *étoit saisi de peur*, comme il l'a dit lui-même. « Mais, ajouta-t-il, je pensai » au même moment que Dieu ne permettroit pas » que des paysans maltraitassent un homme qui » avoit consacré à leur service toute sa vie. » En effet, l'un d'eux l'ayant reconnu et l'ayant fait connoître aux autres pour leur ancien pasteur, la vue de leur bon curé réveilla en eux les sentimens de reconnoissance et de vénération qu'ils lui avoient toujours portés. Ils lui enseignèrent la route qu'il devoit tenir pour ne pas tomber entre les mains des soldats répandus dans la campagne.

A deux pas de là, à Neuilly, il courut un nouveau danger. Les eaux de la Seine étant débordées couvroient une partie de l'ancien pont de bois jeté alors sur cette rivière; on lui conseilla de ne pas risquer le passage, mais son courage le soutint et Dieu le protégea : pour l'en remercier au moment même par une action de charité, il envoya son cheval à un pauvre homme qui étoit sur l'autre rive et qui, sans ce secours, n'auroit pu continuer son voyage. Il arriva enfin à Saint-Germain, eut une longue conférence avec la Reine, dans laquelle il lui dit tout ce qu'il put trouver de plus fort pour la détourner du siége de Paris. Il lui représenta qu'il n'étoit pas juste de faire mourir par la famine tant de milliers d'hommes pour punir vingt ou trente coupables; il osa même lui déclarer que, puisque la présence de Mazarin paroissoit être la cause de la guerre civile, il falloit le sacrifier au retour de la paix. Quoiqu'il ne se fût pas éloigné du respect profond qu'il avoit pour cette princesse, il craignit d'avoir parlé avec trop de liberté et d'avoir nui par là au succès de sa négociation. « Car enfin, disoit-il deux jours après, jamais discours » qui sentit la rudesse ne m'a réussi, et j'ai tou» jours remarqué que, pour ébranler l'esprit, il » ne faut pas aigrir le cœur. »

Aussi, étant passé de l'appartement de la Reine dans celui de Mazarin, il s'entretint avec lui avec une douceur et une tranquillité dont le ministre fut touché. Il lui parla cependant comme il avoit parlé à la Reine, l'exhortant même à se jeter dans la mer pour calmer l'orage. Mazarin lui répondit avec bonté : « Eh bien ! notre Père, je m'en irai, » si M. le Tellier est de votre avis. » Le jour même on tint conseil chez la Reine. La proposition de Vincent ayant été mise en délibération, il fut arrêté, d'après l'avis de le Tellier, que Mazarin resteroit premier ministre. Le sage et courageux conseiller s'attendoit à être disgrâcié; mais la cour, qui connoissoit son attachement au Roi et la pureté de ses intentions, ne lui fit pas un crime de cet acte de dévouement. Le lendemain, ayant demandé un passeport, M. le Tellier le lui envoya, signé de la main du Roi; ce jeune prince lui donna même une escorte, qui l'accompagna jusqu'à Villepreux.

Si on avoit su à Paris ce qui s'étoit passé à Saint-Germain, le peuple, furieux contre Mazarin eût regardé Vincent comme le plus zélé frondeur; mais, ennemi de toute fausse popularité et toujours fidèle à son roi, le modeste prêtre se garda bien de laisser transpirer le motif de ce voyage; il aima mieux être traité en ennemi déclaré. Un conseiller, qui se disoit autorisé par sa compagnie, se fit donner les clefs de Saint-Lazare; par ses ordres, tout ce qu'il y avoit de blé dans les greniers fut saisi ; on mit des gardes à toutes les portes; huit cents soldats furent logés dans les bâtimens, qui furent livrés au pillage ; ils mirent le feu aux bûchers de la basse-cour et les réduisirent en cendres. Le parlement désavoua ces actes d'hostilité et fit retirer les soldats; mais les dommages qu'ils avoient causés ne furent jamais réparés. Pour comble de malheur, une ferme peu éloignée de Versailles, et qui étoit la dernière ressource de Saint-Lazare, après avoir été saccagée par les frondeurs, le fut encore par les soldats de l'armée du Roi.

En apprenant ces fâcheuses nouvelles, Vincent se contenta de dire : « Dieu soit béni! Dieu soit « béni! » De Villepreux il s'étoit rendu à Fréneville, près d'Étampes. Tout en s'éloignant de Paris, il s'occupoit encore des pauvres de cette capitale : il ordonna à ses prêtres de donner à six francs la mesure de blé que le parlement avoit taxée à dix; on en distribua chaque jour à près de deux mille pauvres de tout âge et de tout sexe. Pendant qu'il se montroit si généreux envers les autres, il se soumettoit lui-même aux plus dures privations : à peine se chauffoit-il pendant un hiver rigoureux; il se nourrissoit d'un pain de seigle et de fèves, et réservoit pour des paysans qu'il faisoit manger avec lui ce qu'on lui servoit de moins mauvais. Pendant sa retraite à Fréneville, il fit une mission au Val-de-Puiseau ; le premier discours qu'il y fit entendre sur la nécessité de conjurer l'orage par un sincère retour à Dieu, produisit un tel effet sur ces bons villageois, qu'il fut obligé d'appeler un de ses prêtres, pour recevoir avec le curé du lieu les confessions que produisirent ses touchantes exhortations.

Le feu de la guerre civile devenant toujours plus ardent, Vincent se détermina à faire la visite des maisons de sa congrégation. La glace et la neige, dont les chemins étoient couverts, n'arrêtèrent pas cette résolution. Il arriva au Mans, où ses enfans, surpris et charmés de le voir, le reçurent avec un empressement qui fut partagé de toute la ville. Le bruit de son arrivée s'étant répandu à son insu, il y eut chez lui un tel concours, qu'il fut obligé de séjourner quinze jours au Mans.

De là il se rendit à Angers, où les Filles de la Charité avoient un établissement considérable. A une demi-lieue de Duretal, son cheval s'abattit dans une rivière, où il se seroit noyé sans le prompt secours que lui donna un de ses prêtres, qui l'accompagnoit. Peu effrayé de cet accident, il remonta à cheval, tout trempé, se sécha comme il put dans une pauvre chaumière, et, comme on étoit en carême, il demeura sans manger jusqu'au soir qu'il arriva dans une hôtellerie. Quoique harassé de fatigue et de faim, il se mit à faire le catéchisme aux domestiques de la maison; l'hôtesse, surprise et édifiée, courut dans le village, rasssembla tous les enfans, et, sans lui en avoir rien dit, les fit monter dans sa chambre. Vincent la remercia affectueusement de sa pieuse attention, partagea cette jeunesse en deux portions, en donna une à instruire à son compagnon, et adressa à l'autre des exhortations, avec sa bonté et son onction ordinaire. A la suite du catéchisme, il fit l'aumône à tous ces enfans qui étoient aussi pauvres qu'ignorans.

D'Angers il partit pour Rennes. Sur la route l'attendoit le plus grand danger qu'il ait couru de sa vie : comme il passoit l'eau sur un pont de bois, entre un moulin et un étang fort profond, son cheval, effrayé du mouvement et du bruit du moulin, recula si brusquement, qu'il mit un pied hors du pont et qu'il fut comme suspendu sur ce précipice. Notre voyageur se crut perdu; mais Dieu lui tendit la main, le cheval s'arrêta tout court, et il traversa le pont en remerciant le ciel, avec son compagnon, d'une protection si visible.

Le soir il arriva dans une auberge où on lui donna une chambre qui, quoique présentée comme la meilleure, n'étoit pas logeable; il s'en contentoit cependant, lorsque quelques amis de l'hôte étant survenus, on ne craignit pas de la lui enlever pour le loger encore plus mal. Il la céda sans se plaindre. Une autre fois on introduisit dans une chambre voisine de celle où il étoit couché une troupe de paysans qui burent et chantèrent toute la nuit; au lieu de se plaindre du peu d'égards qu'on avoit eu pour son repos, il donna en partant à son hôte des chapelets si beaux, qu'ils auroient pu être offerts à la duchesse d'Aiguillon. Il payoit toujours généreusement, mais plus encore dans les mauvais gîtes.

Vincent, qui étoit dans l'usage de ne faire jamais aucune visite de pure civilité, croyoit pouvoir passer à Rennes comme à Orléans et à Angers; mais il fut reconnu en y entrant. Le mécontentement qui régnoit à Paris avoit aussi éclaté dans une ville, où il y avoit également un parlement. Les royalistes étoient mal accueillis à Rennes; à peine eût-il mis pied à terre, qu'une personne en place lui fit dire, que l'arrivée d'un homme comme lui, membre du conseil de la Reine et dévoué à cette princesse, étoit suspecte aux habitans, qu'on avoit dessein de le faire arrêter, qu'elle lui en donnoit avis, afin qu'à l'heure même il sortît de la ville.

Il se disposoit à partir, lorsqu'un gentilhomme du parti de la Fronde, logé dans la même hôtellerie, l'ayant reconnu, lui dit tout haut dans un transport de colère : « Monsieur Vincent sera bien étonné si, à deux lieues d'ici, on lui donne un coup de pistolet dans la tête. » Une telle apostrophe ne troubla pas beaucoup la sérénité d'âme de Vincent, il n'en pensoit pas moins à partir; mais le théologal de Saint-Brieuc, qui étoit venu à sa rencontre, l'empêcha de se mettre en route, en l'engageant à voir le premier président. Ce magistrat, touché de la gravité et de la sagesse du vénérable vieillard, comprit que son arrivée à Rennes n'avoit rien d'hostile, et on ne le pressa plus de partir. Cependant il quitta Rennes le lendemain. Comme il étoit prêt de monter à cheval, on vit rentrer dans la ville le gentilhomme qui l'avoit menacé si cruellement la veille. On crut, avec assez de fondement, qu'il étoit allé l'attendre sur la route pour effectuer sa menace. Le théologal, qui avoit pour lui le plus vif attachement, voulut l'accompagner jusqu'à Saint-Méen, où il passa quinze jours, constamment occupé de travailler à l'édification publique.

Il étoit en marche pour se rendre dans la Guienne, lorsque la Reine lui fit donner l'ordre de retourner à Paris, où le Roi étoit rentré : mais tant de fatigues, jointes aux infirmités de l'âge, lui causèrent une maladie et le forcèrent de s'arrêter à Richelieu. La nouvelle en étant parvenue à Paris, on lui envoya l'infirmier de Saint-Lazare, qui savoit mieux que personne comment il falloit le traiter. Cette attention *pour le plus misérable des hommes*, car c'est ainsi qu'il s'appeloit toujours, lui fit de la peine et il le témoigna. Cependant la duchesse d'Aiguillon lui envoya un petit carrosse, pour le ramener aussitôt qu'il seroit en état de se mettre en route. Des circonstances intéressantes se rattachent à ce modeste équipage.

Les dames de son assemblée, le voyant de plus en plus infirme, et craignant pour lui quelque accident, lui avoient fait faire à son insu une voiture très-simple. Malgré le besoin qu'il en eût, il ne voulut jamais s'en servir, et elle vieillisoit sous la remise. C'étoit cette même voiture que la duchesse d'Aiguillon lui avoit envoyée à Richelieu. L'état de foiblesse où il étoit, les ordres de la Reine, le désir qu'il avoit de rentrer dans une ville rendue à l'ordre et au repos, l'engagèrent à profiter de l'attention de la duchesse pour retourner à Paris; mais à peine arrivé, il renvoya les chevaux à la duchesse, qui ne voulut pas les reprendre; elle le conjura d'avoir égard au besoin qu'il en avoit. Vincent persista dans son premier refus; il dit même que si l'enflure de ses jambes, qui augmentoit tous les jours, ne lui permettoit plus d'aller à pied ni à cheval, il étoit résolu de garder la maison le reste de sa vie, plutôt que de se faire traîner dans un carrosse. Pour terminer ce combat de générosité et d'humilité, qui dura plusieurs semaines, la duchesse eut recours à la Reine et à l'archevêque, qui tous décidèrent comme elle le souhaitoit. Vincent fut obligé d'obéir : il appeloit ce carrosse *sa honte et son ignominie.* Il dit un jour au Père Sénault et à d'autres Oratoriens, qui étoient venus le reconduire jusqu'à la porte de leur maison : « Voyez vous, mes Pères, » je suis fils d'un pauvre paysan, et j'ose me » servir d'un carrosse. » Au reste cette voiture étoit au service du public plus qu'au sien; il faisoit monter à côté de lui les vieillards qu'il rencontroit dans les rues : il transportoit les malades jusqu'à la porte de l'Hôtel-Dieu. Ce carrosse des pauvres leur fut d'autant plus utile, qu'il mit Vincent à même de leur rendre, pendant dix ans, des services dont la foiblesse de ses jambes l'auroit rendu incapable.

De retour de Richelieu, et après avoir présenté ses hommages à la Reine-mère et au Roi, il s'occupa de réparer les désastres que les troupes avoient commis dans les environs de Paris. Les églises de Châtillon et de Clamart avoient été profanées; il alla prier et pleurer sur le lieu même de la profanation. La maison de Saint-Lazare, si souvent saccagée par la Fronde, se trouvoit dans un état déplorable; il se vit réduit à faire manger à ses enfans du pain d'orge et d'avoine, et personne ne murmuroit. « Les pau- » vres, dit-il lui-même, dans une lettre à M. Al- » meras, les pauvres qui ne savent où aller, ni » que faire, qui souffrent déjà et qui se multi- » plient tous les jours, c'est là mon poids et ma » douleur. »

Ce poids devint encore plus accablant, lorsque le feu de la guerre civile, que le retour du Roi dans sa capitale avoit presque éteint, se ralluma par l'arrestation des princes de Condé, de Conti et du duc de Longueville, qu'avoit ordonnée Mazarin. Les ennemis du dehors profitèrent de ces nouvelles divisions; les Espagnols prirent le Catelet, la Capelle et Rhétel. La Champagne et la Picardie se virent dans une situation presque aussi déplorable que celle où avoit été peu auparavant la Lorraine. Ces malheurs touchèrent peu les Parisiens, tout occupés de leurs propres maux. Vincent fut le seul qui n'y fut pas insensible ; il fit partir aussitôt deux de ses missionnaires avec un cheval chargé de vivres et environ cinq cents livres en argent. Ce faible secours étoit bien peu de chose dans une si grande calamité ; les missionnaires trouvèrent le long des haies et sur toutes les routes un si grand nombre de malheureux mourant de faim, que leurs provisions furent épuisées avant que d'arriver au lieu de leur destination. Ils coururent aux villes voisines pour en acheter d'autres ; mais une disette complète s'y faisoit sentir. Les deux prêtres se hâtèrent d'écrire à leur supérieur que la désolation étoit générale, que c'en étoit fait de ces peuples, s'ils n'étoient promptement secourus. A ces nouvelles il résolut de tout entreprendre pour soulager ses frères ; il eut recours aux dames de Charité ; il sut les porter à de nouveaux sacrifices, quoique les malheurs du temps eussent presque épuisé toutes leurs ressources. Il s'adressa aussi à l'archevêque de Paris, qui ordonna aux prédicateurs d'exposer dans les chaires chrétiennes les besoins et la misère des deux provinces.

Vincent fit partir jusqu'à seize de ses missionnaires avec le nouveau secours qu'il put se procurer ; il envoya ensuite des Filles de la Charité. Le Vermandois, la Thiérache, une grande partie du Soissonnais et du Rémois, le Laonois, le Rhetelois, étoient dans ce triste état où Dieu fait tomber les pays qu'il frappe dans sa colère. Les mis-

sionnaires écrivoient à Vincent : « Ce qui fait
»horreur, et ce que nous n'oserions dire si
»nous ne l'avions vu, ils se mangent les bras et
»les mains, et meurent dans ce désespoir. » A
Saint-Quentin les bourgeois avoient résolu,
disoit-on, de jeter par-dessus les murailles une
foule de pauvres étrangers réfugiés dans la ville,
et cela pour ne point diminuer les provisions que
les missionnaires leur envoyoient. Tel fut l'état
de ces provinces jusqu'à la paix des Pyrénées,
quoique les secours que leur donnoit Vincent
s'élevassent tous les mois de vingt à trente mille
francs.

Aux bienfaits d'une charité si constante, les
missionnaires joignoient toutes les consolations
religieuses, auxquelles ils appeloient les villages
entiers, dont les églises avoient été détruites et
les pasteurs massacrés. Un d'eux, après la bataille de Rhetel, où la défection de Turenne fut
punie par sa défaite, fit enterrer deux mille Espagnols, dont les membres épars sur le champ
de bataille répandoient l'infection. Un autre,
devenu guerrier, passoit les rivières à la nage,
marchoit nu-pieds, faisoit des courses périlleuses au milieu des troupes, enlevoit à des
gens d'armes les bestiaux qu'ils venoient d'enlever
eux-mêmes à des pauvres gens dont il étoit la
sauve-garde. Les villes de Guise, de Laon, de
Noyon, de Chauni, de la Fère, d'Arras, d'Amiens et de Péronne, doivent conserver une
tendre vénération pour les services que Vincent
rendit à leurs ancêtres. Son nom doit être

également béni et honoré à Reims, à Rhetel, à Neuchâtel, à Mézières et dans toute la Champagne. La ville de Reims arrêta que chaque jour on célébreroit, pour lui et les dames de son assemblée, une messe devant le tombeau de saint Remi. Une procession solennelle, à laquelle assistèrent tous les corps de la ville, eut lieu, en 1651, le jour de la Pentecôte. Reims, tout accoutumé qu'il étoit alors aux grandes solennités du sacre de nos Rois, n'avoit jamais vu un si grand concours.

Tandis que Vincent répandoit près d'un million en Champagne et en Picardie, il fut obligé de porter les mêmes secours à d'autres provinces, qui, comme il le dit lui-même, *étoient presque aussi désolées*. Comme son nom et sa tendresse pour les pauvres étoient connus partout, la misère, quelque part qu'elle se trouvât, ne tardoit guère à réclamer l'un et l'autre. Les Irlandais catholiques, réfugiés en France, lui firent encore entendre leurs cris; ils s'étoient enrôlés dans les armées du Roi, et avoient été fort maltraités dans les différens combats qui eurent lieu sous les murs de Bordeaux. Suivis des veuves de leurs camarades et de cent-cinquante orphelins, ils étoient arrivés à Troyes à pied, au milieu des neiges, exténués de faim et de lassitude; dans cet état, les uns étoient couchés sur la place Saint-Pierre, tandis que les autres *ramassoient dans les rues ce que les chiens ne vouloient pas manger*. A peine Vincent fut-il informé de leur horrible situation, qu'il en instruisit lui-même les dames de charité. De concert avec elles, il fit partir sur-le-champ un de ses prêtres, qui, étant Irlandais, étoit plus en état que personne d'entrer dans tous les besoins de ces pauvres gens et de les soulager. Ce missionnaire porta d'abord à Troyes 600 livres, et ce premier secours fut suivi de plusieurs autres soit en argent, soit en vêtemens, soit en linge.

CHAPITRE XX.

Secours envoyés par Vincent aux villages des environs de Paris. — Il sauve les habitans de Gennevilliers des suites d'une inondation. — Mort de M. Lebon.

Le centre du royaume n'étoit pas moins désolé par la guerre civile, que les extrémités par la guerre étrangère. La bataille du faubourg Saint-Antoine, le siège d'Étampes, tant de marches, de contre-marches aux portes de Paris avoient porté la disette dans tous les lieux où les armées des deux partis avoient campé. Vincent, ne pouvant subvenir à tant de calamités, engagea plusieurs communautés religieuses à partager son ministère de bienfaisance, ce qu'elles firent avec le plus grand succès. Les Jésuites se chargèrent du canton de Villeneuve-Saint-George, de Crosne, Hyères, Limai, Valenton et autres villages. Étampes, Lagni, Palaiseau échurent aux missionnaires. A Étampes ils ne trouvèrent que des spectres errant parmi des cadavres, auxquels ils donnèrent la sépulture; les enfans qui avoient perdu leurs parens furent recueillis dans une maison commune; on établit six cuisines, deux pour Étampes, et les quatre autres pour Étrechy,

Villecomin, Saint-Arnoult, Galerval et trois villages contigus. Les malades, les convalescens se rétablirent peu à peu; mais les libérateurs de tant d'infortunés succombèrent victimes de leur dévouement : l'air empoisonné qu'ils respiroient, les mauvais alimens dont ils usoient pour ménager ceux des pauvres, firent périr plusieurs missionnaires.

Les paroisses de Juvisy, d'Atis obtinrent les mêmes secours; Vincent rouvrit de nouveau les sources de la bienfaisance publique. Des hommes qui auroient repoussé tout autre intercesseur, cédèrent à ses prières et à ses larmes : M. Duplessis-Monbart établit avec succès un mont-de-piété, auquel ceux qui ne pouvoient fournir de l'argent portoient des meubles, des habits, des provisions dont ils pouvoient se passer. Vincent envoyoit chaque jour à Palaiseau une charrette chargée de vivres. Ceux qui gardoient les portes de Paris, la voyant si souvent sortir le matin et rentrer le soir, ne s'en rapportèrent pas à ce que leur dit le voiturier, de la destination de ce transport; ils le menacèrent de l'arrêter, s'il ne présentoit pas un certificat du supérieur de la Mission, bien et dûment signé. Vincent en donna un qui portoit en substance : « Que sur l'avis qu'on lui avoit donné
» que la moitié des habitans de Palaiseau étoient
» malades, et qu'il en mouroit dix à douze par
» jour, il y avoit envoyé quatre prêtres et un chi-
» rurgien; que, depuis la veille du Saint-Sacre-
» ment, il y avoit fait transporter chaque jour
» seize gros pains blancs, quinze pintes de vin

» et une fois de la viande; que lesdits prêtres de
» sa compagnie lui ayant mandé qu'il étoit né-
» cessaire d'y envoyer de la farine et un muid de
» vin, pour l'assistance de ces mêmes pauvres et
» de ceux des villages circonvoisins, il faisoit ac-
» tuellement partir une charrette à trois chevaux,
» chargée de quatre setiers de farine et de deux
» demi-muids de vin. » Ce certificat n'a été trouvé
et n'a paru qu'après sa mort.

Quoique la maison de Saint-Lazare eût été horriblement saccagée et qu'elle manquât de tout, le charitable supérieur ne pensa pas à en réparer les désastres; il ne s'occupa que de la misère des pauvres habitans des environs de Paris. A la première nouvelle des malheurs de Palaiseau, il écrivit à la duchesse d'Aiguillon pour la prier de convoquer une assemblée des dames de Charité et d'aviser avec elles aux moyens de soulager ce village : « Je viens, lui disoit-il, de renvoyer à
» Palaiseau un prêtre avec un frère et 50 livres.
» La maladie qui y règne est si maligne que nos
» quatre premiers prêtres en ont été frappés : il
» a fallu les ramener ici, et il y en a deux qui sont
» à l'extrémité. O Madame, quelle moisson à
» faire pour le ciel, dans ce temps où les misères
» sont si grandes à nos portes! Nous pouvons dire
» de cette guerre qu'elle sera la cause de la damna-
» tion de quantité de personnes, mais que Dieu
» s'en servira aussi pour opérer la grâce, la jus-
» tification et la gloire de plusieurs autres. J'ai
» sujet d'espérer que vous serez de ce nombre,
» et j'en prie Notre-Seigneur »

La duchesse d'Aiguillon répondit à cette lettre en vendant pour vingt-cinq mille francs de vaisselle ; cette somme fut déposée dans les mains de Vincent.

La capitale, théâtre des troubles, en éprouvoit les suites inévitables; elle étoit en proie à toutes les horreurs de la disette ; la livre de pain y valoit alors vingt-quatre de nos sous. Vincent écrivoit à un docteur de Sorbonne, qu'on donnoit chaque jour dans Paris du potage à quatorze et quinze mille pauvres, qui, sans ce secours, seroient tous morts de faim ; qu'on avoit mis hors d'atteinte de la brutalité des soldats huit ou neuf cents filles en les rassemblant dans des maisons particulières : « Voilà, Monsieur, lui disoit-il, bien » des nouvelles, contre la coutume où nous sommes » de n'en point écrire : mais, qui pourroit s'empê- » cher de publier la grandeur de Dieu et ses mi- » séricordes ? » Ce qu'il ne disoit pas, c'est la part qu'il avoit à toutes ces charités.

Le service signalé qu'il rendit, l'année 1652, aux habitans de Gennevilliers, village situé à deux petites lieues de Paris, dans une presqu'île formée par la Seine, peut fournir la preuve qu'il pressentoit et devinoit en quelque sorte le malheur pour le soulager. La Seine s'étant débordée, comme pour ajouter à tous les fléaux qui désoloient la capitale, il pensa que cette inondation devoit se faire sentir surtout à Gennevilliers, dont il connoissoit la situation dans un bas fond. Personne ne lui en avoit parlé; mais, cédant à l'inspiration de son cœur, il fit charger de pains une grande charrette, et l'envoya à Gennevilliers avec deux de ses missionnaires. Jamais secours ne pouvoit arriver plus à propos : les habitans, à demi submergés dans leurs maisons, ressentoient déjà les horreurs de la famine; ils poussoient des cris lamentables. La violence et le volume des eaux glaçoient d'effroi tous ceux qui auroient été tentés de les secourir. Dans cette extrémité, les deux missionnaires sentent redoubler leur courage; ils déchargent leurs provisions dans une nacelle, s'y embarquent, la dirigent vers le presbytère, prient le curé de les accompagner; puis, voguant dans les rues, ils distribuent des deux côtés leur pain par les fenêtres, les eaux étant déjà au-dessus des portes. Les divers courans, qui effrayoient les bateliers mêmes, mirent la nacelle plus d'une fois en danger; mais Dieu la protégea : Gennevilliers la vit arriver heureusement, tant que dura ce débordement.

Lorsque le fléau fut passé, les habitans de ce village députèrent à Vincent les principaux d'entre eux pour le remercier; il les reçut avec bonté, en leur observant que l'honneur de servir Dieu étoit sa plus douce récompense. Gennevilliers s'est mis, depuis quelques années, à l'abri des inondations, par des digues dont il a entouré son territoire. Puissent-elles être aussi secourables pour ces agriculteurs, qu'un seul homme le fut pour leurs pères !

Dans ces temps de trouble et de vertige, où l'esprit de révolte étoit soufflé par des magistrats chargés de l'éteindre, où les chefs des différens partis changeoient souvent de bannière et de camp, Vincent se montra toujours ferme et inébranlable dans la route du devoir. Il prêchoit l'amour et la fidélité au Roi, comme le seul moyen de salut. Il engageoit à une résidence exacte les évêques que leurs affaires auroient appelés à Paris, en leur représentant que leur absence pourroit nuire à l'autorité du prince qu'ils devoient maintenir. Pendant la bataille de la porte Saint-Antoine, si célèbre par les noms de Condé et de Turenne, au milieu du bruit du canon qui frappoit ses oreilles, il étoit prosterné au pied des autels, priant pour la paix, conjurant Dieu de retirer la main qui portoit à son peuple des coups si terribles. On ne croiroit pas qu'il fût outragé et maltraité, si tous les gens de bien, fidèles à leur devoir, n'avoient pas été exposés aux insultes de la populace.

A la porte de la Conférence, il fut chargé d'injures, battu, menacé de la mort, et il ne s'en vengea qu'en demandant au magistrat, qui vouloit sévir, la grâce du coupable. A deux pas de Saint-Lazare, un homme furieux, sous prétexte qu'il l'avoit heurté en passant, lui donna un soufflet, en l'accusant d'être la cause des impôts dont le peuple étoit chargé; la patience et l'humilité avec laquelle il reçut cet indigne traitement, toucha le barbare frondeur, qui vint, le jour suivant, se jeter à ses pieds et lui demander pardon. Vincent le reçut avec bonté, le décida à profiter des exercices de la retraite, et le rendit plus calme et plus soumis.

Quoique étranger au gouvernement de l'État, il crut devoir travailler au retour de la paix; dans ce dessein il eut de fréquens entretiens avec le duc d'Orléans, avec la régente, le prince de Condé, le cardinal de Mazarin. Ses historiens ne disent point qu'il vit le coadjuteur, le principal auteur des troubles. On a trouvé, après sa mort, la minute d'une lettre qu'il écrivit à Mazarin, pendant que la cour étoit à Saint-Denis; nous la rapporterons ici, parce qu'on y voit quelque chose de son projet de pacification.

« Je supplie Votre Éminence de me pardonner de ce que je revins hier au soir sans avoir eu l'honneur de recevoir ses commandemens; je fus contraint à cela, parce que je me trouvais mal. Mgr. le duc d'Orléans vient de me mander qu'il m'enverra aujourd'hui M. d'Ornano pour me faire réponse, laquelle il a désiré concerter avec M. le prince. Je dis hier à la Reine l'entretien que j'avois eu l'honneur d'avoir avec tous les deux séparément, et qui fut bien respectueux et grâcieux. J'ai dit à son Altesse Royale que, si on rétablissoit le Roi dans son autorité, et que l'on donnât un arrêt de justification, Votre Éminence donneroit la satisfaction que l'on désire; que difficilement pouvoit-on accommoder cette grande affaire par des députés, et qu'il falloit des personnes de confiance réciproque, qui traitassent de choses de gré à gré. Il me témoigna, de geste et de parole, que cela lui revenoit, et me répondit qu'il en conféreroit avec son conseil. Demain au matin, j'espère, Dieu aidant, être en état d'aller porter sa réponse à Votre Éminence, etc., etc. »

Il ne reste pas d'autres pièces authentiques de cette négociation; mais on peut avancer, sans témérité, que Vincent contribua puissamment à la paix qui eut lieu quelque temps après. Quand cet heureux événement fut bien assuré, on lui représenta qu'il étoit juste de faire cesser les privations de tous genres qu'il avoit imposées à sa congrégation; il ne voulut pas y consentir, parce que la guerre avec l'Espagne continuoit toujours. « Il n'en faut pas demeurer là, répondit-il : il » faut nous obtenir de Dieu la paix générale. » Cet heureux événement arriva enfin par le traité des Pyrénées, qui fut le complément de la paix de Munster, le plus beau monument de la politique de Mazarin.

Les troubles civils étoient à peine appaisés, que les troubles religieux commencèrent. Vincent gémit long-temps des maux de l'Église; il fut docile à la voix du souverain Pontife, comme il avoit été fidèle à son Roi. Il disoit souvent à ses missionnaires et aux Filles de la Charité, que toute leur science devoit se réduire à une soumission absolue, qui ne demande ni raisonnement ni discussion. Il s'opposa de tout son pouvoir aux opinions nouvelles de Jansénius, et prit toutes les précautions nécessaires pour en préserver les maisons de sa congrégation.

Pendant que l'Église étoit déchirée par ses propres enfans, Vincent établit ses missionnaires à Varsovie, où ils furent attirés par Louise-Marie de Gonzague, épouse du roi de Pologne Casimir V. Cette princesse, qui étoit long-temps restée auprès d'Anne d'Autriche à Paris, où elle avoit connu l'instituteur des missions, et assisté souvent aux assemblées des dames de Charité, ne fut pas plutôt montée sur le trône qu'elle demanda des prêtres de la congrégation. Vincent ne put lui en envoyer qu'un petit nombre; mais à leur tête étoit M. Lambert, un de ses premiers compagnons, qui lui seul en valoit plusieurs autres. Il joignoit à la santé la plus forte une sagesse consommée, une activité infatigable; aussi Vincent se sépara de lui avec la plus grande peine. Les missionnaires furent reçus à Varsovie, par le Roi et la Reine, avec la plus grande bienveillance. Lambert fut estimé et chéri des grands et des peuples. Casimir, malgré ses victoires, n'ayant pu éloigner de ses États les fléaux inséparables de la guerre, les missionnaires volèrent au secours des lieux attaqués d'une cruelle épidémie. Lambert établit des hôpitaux où il soignoit lui-même les malades avec ses compagnons; il fut bientôt emporté par la contagion. En apprenant la nouvelle de sa mort, Vincent dit comme Tobie, les larmes aux yeux : « Dieu me l'avoit donné, Dieu me l'a ôté : que » son nom soit béni! »

Quelques mois avant l'établissement des missionnaires à Varsovie, étoit mort M. Lebon, à qui Vincent, comme nous l'avons vu, devoit la maison de Saint-Lazare; jamais bienfaiteur n'eut plus à s'applaudir de sa libéralité; jamais donataire ne fut plus reconnoissant. M. Lebon, ne pouvant rester séparé des missionnaires, les suivoit dans leurs missions et partageoit leurs travaux autant que la foiblesse de son âge pouvoit le lui permettre. Vincent n'abandonna pas son bienfaiteur dans ses derniers momens; il rassembla ses missionnaires autour de son lit de mort, reçut son dernier soupir en lui donnant toutes les consolations de la religion. Après lui avoir fait faire des funérailles très-honorables, il ordonna qu'on gravât sur le marbre de sa tombe tous les services qu'il en avoit reçus. Il voulut que chaque année, à perpétuité, on lui fît, le 9 avril, jour de son décès, un service solennel.

Nous ajouterons à ce récit un fait qui prouvera encore mieux la reconnoissance de Vincent: M. Lebon avoit un domestique qui l'avoit quitté depuis quelques années; étant retourné dans son pays, cet homme y perdit presque entièrement l'esprit. Sans fortune, sans moyens d'existence, il erroit à l'aventure, lorsque la Providence le conduisit à Paris, et lui fit retrouver le chemin de Saint-Lazare. M. Lebon étoit mort, mais Vincent vivoit encore; ce pauvre homme demande à lui parler: ses yeux hagards annonçoient une démence complète. « C'est le domestique de » notre bienfaiteur, dit Vincent, il faut en avoir » pitié. » Il lui fit donner une chambre, et fournit à tous ses besoins.

Au bout de quelques semaines, qui se passèrent assez tranquillement, ce domestique retomba en démence; il sortoit du matin au soir, couroit dans tout Paris, écrivoit ses rêveries, ne voulant jamais se livrer au travail le plus léger. Ce manége dura trois ans; on s'en plaignit souvent à Vincent : quelqu'un alla même jusqu'à lui demander si le pain des pauvres étoit fait pour un homme qui ne vouloit rien faire, et dont la paresse étoit un sujet de scandale; à cela il répondit : « Il est à plaindre, il ne fait point de mal. Il a servi un de nos principaux bienfaiteurs : Dieu trouvera-t-il mauvais qu'en la personne du serviteur on témoigne au maître les sentimens qu'on a eus pour lui? »

Tant de patience et de bienfaits furent récompensés d'une manière presque miraculeuse; ce pauvre homme recouvra sa raison, et devint un modèle et une consolation pour toute la communauté; il s'adonna au service des malades avec un soin et une affection qui lui gagnèrent tous les cœurs. Combien Vincent dût s'applaudir de sa persévérance à assister ce malheureux!

CHAPITRE XXI.

Fondations de l'hôpital du Nom de Jésus et de l'Hôpital-Général.

Une des plus belles créations des dernières années de Vincent fut l'établissement de l'hôpital du Nom de *Jésus ;* cette importante fondation fut due à sa haute réputation de sagesse et de bienfaisance.

Un bourgeois de Paris vint le trouver pour lui annoncer qu'il avoit une somme considérable à consacrer à quelque bonne œuvre, qu'il la mettoit à sa disposition, et ratifioit d'avance l'emploi qui en seroit fait; qu'il n'exigeoit qu'une seule chose, c'est que son nom ne fût jamais prononcé. Cette condition fut promise et fidèlement observée. Le nom de ce modeste et généreux citoyen est resté toujours dérobé à la reconnaissance publique.

Vincent, après avoir réfléchi sur sa proposition, lui communiqua le plan de l'œuvre à laquelle il avoit cru devoir s'arrêter; il lui dit qu'il voyoit tous les jours un grand nombre de pauvres artisans qui, par vieillesse ou par infirmité, ne pouvant plus gagner leur vie, étoient réduits à mendier ; que dans cet état ils négligeoient leurs familles et les soins de leur salut ; qu'en créant un hospice qui pût leur servir de retraite on exerceroit à leur égard un double acte de charité. L'anonyme approuva ce projet, à condition que le supérieur-général de la congrégation des missionnaires se chargeât, à perpétuité, de l'administration temporelle et spirituelle de cet hôpital.

Vincent acheta de suite deux maisons et un emplacement considérable dans le faubourg Saint-Laurent ; il y fit bâtir une chapelle qu'il fournit d'ornemens, fit provision de lits et de tous les meubles nécessaires à un grand établissement ; et, quand tout fut en état, quarante pauvres, de l'un et l'autre sexe, y furent reçus : on les logea dans deux corps de bâtiment séparés l'un de l'autre, mais disposés de telle manière, qu'hommes et femmes, tous entendoient la même messe et la même lecture de table, sans se parler et sans se voir. Vincent voulut que leur temps fût partagé entre les exercices religieux et les travaux dont ils pouvoient être encore capables. Pour ce dernier objet, il ajouta aux dépenses qu'il avoit faites, l'achat de quelques métiers et de divers instrumens. Ce qui restoit d'argent servit à acquérir une rente annuelle, qui fut consacrée à l'entretien de la maison. Les Filles de la Charité furent attachées au service de ces quarante vieillards ; un des missionnaires fut chargé du spirituel.

La fondation de cet asile fut scellée par l'autorité publique sous le titre d'*Hôpital du Nom de Jésus*; il fut toujours si bien administré, que les pauvres y entroient sans répugnance; que les places étoient demandées avant qu'elles fussent vacantes, et que des personnes, dignes d'un meilleur sort, s'estimoient heureuses d'y être reçues.

Lorsque la maison du Nom de Jésus eut reçu sa complète organisation, plusieurs dames de l'assemblée de Charité vinrent la visiter; elles voulurent tout voir, tout examiner, se faire rendre compte de tout; mais plus elles examinèrent, plus elles furent surprises et édifiées. Quarante vieillards qui vivoient dans l'union la plus parfaite, dont la bouche ne proféroit ni murmure ni médisance, qui, aux premiers sons de la cloche, se rendoient tour à tour à la chapelle et à l'atelier, qui témoignoient, par leurs discours et souvent par des larmes de joie, que jamais ils n'avoient été si heureux; en un mot, quarante vieillards, dont la réunion avoit plus l'air d'une communauté religieuse que d'un hospice de séculiers, offrirent à ces dames un spectacle qui, en les attendrissant, les excita à étendre un tel bienfait. On compara naturellement des pauvres si bien réglés à cette multitude de gens sans aveu, sans mœurs et sans religion, qui remplissoient les rues de Paris, assiégeoient les églises, inquiétoient les habitans paisibles par leur audace, leur nombre et leurs habitudes. Tant de désordres d'un côté, tant de régularité de l'autre, formoient un contraste qui donna lieu à bien des réflexions.

La première qui se présenta à ces dames fut que l'on pourroit faire pour tous les pauvres de la capitale ce qui venoit d'être fait pour les quarante du Nom de Jésus : elles voyoient que Dieu donnoit grâce et bénédiction à toutes les entreprises de Vincent; que, pourvu qu'il voulût mettre la main à celle-ci, elle réussiroit; qu'il avoit, soit à Saint-Lazare, soit dans la communauté des Filles de Charité, les plus utiles auxiliaires; que le plus grand embarras seroit peut-être de trouver un local assez vaste pour loger et occuper une si innombrable multitude de personnes de tout âge et de tout sexe. Les premières dames qui eurent cette grande et généreuse pensée la communiquèrent à leurs compagnes, qui, élevées comme elles à l'école de Vincent, n'en jugèrent pas l'exécution au-dessus de leurs forces. Il fut arrêté que, dès la première assemblée, on proposeroit ce projet à Vincent. Au même moment, une des dames promit un capital de 50,000 francs, une autre, 3,000 livres de rente.

Quelque accoutumé que fût le sage supérieur aux grandes entreprises, le plan d'un hôpital général pour une armée de 40,000 mendians l'effraya; il donna de justes éloges à la charité de celles qui avoient formé un si vaste et si généreux dessein; mais il leur représenta qu'une affaire de cette nature méritoit d'être mûrement examinée, et qu'il falloit surtout la recommander à Dieu. Dans la réunion qui eut lieu huit jours après, la création de l'Hôpital-Général fut mise en délibération; et, contre le vœu de Vincent, qui auroit voulu sagement temporiser, il fut arrêté, à l'unanimité, que sans délai on mettroit la main à ce grand ouvrage. Vincent se chargea de demander au Roi la maison et tout l'enclos de la Salpêtrière, qui, par leur étendue, convenoient d'autant mieux, qu'ils n'étoient pas éloignés de la Seine. La Reine lui fit expédier le brevet de donation, auquel un particulier, qui se prétendoit lésé, s'opposa; mais l'opposition fut bientôt levée par une dame de l'assemblée, qui s'obligea, pour indemniser cet individu, à lui payer une rente de 800 francs.

De si heureux commencemens excitèrent le zèle et les espérances des fondatrices, dont Vincent étoit obligé de modérer l'ardeur. Son avis étoit de ne faire qu'un essai, de se borner dans le commencement à cent ou deux cents pauvres, et de ne prendre que ceux qui demanderoient à être reçus; que des malheureux, entrés librement et bien traités, ne manqueroient pas d'en engager d'autres à venir partager le même avantage; que la contrainte n'obtiendroit rien; que d'ailleurs, à mesure que les fonds augmenteroient, on recevroit un plus grand nombre de malades. Telles étoient les premières idées de Vincent, toujours ennemi de la précipitation : bientôt il fut obligé de temporiser plus qu'il n'auroit voulu.

Les lettres patentes du Roi ayant été portées

à l'enregistrement du parlement, plusieurs conseillers regardèrent comme une belle, mais chimérique spéculation, le projet de renfermer sous le même toit un si grand nombre de vagabonds audacieux et pervers, et refusèrent de l'autoriser. Pour combattre cette opposition, à laquelle on ne s'étoit pas attendu, il fallut toute la sagesse de Vincent, tout le zèle des dames de son assemblée, tout le crédit du premier président du parlement, Pompone de Bellièvre, qui avoit succédé à l'illustre Molé.

Après bien des conférences, les obstacles furent levés; mais il fut résolu par l'autorité, contre l'avis de Vincent, que les mendians seroient tous obligés ou de travailler pour gagner leur vie, ou d'entrer à la Salpêtrière, qui dès lors prit le nom d'Hôpital-Général. En conséquence, les magistrats firent publier, au prône de toutes les paroisses de Paris, que l'Hôpital-Général seroit ouvert le 7 mars 1657, et qu'il étoit défendu de mendier. Le plus grand nombre des mendians se retirèrent dans leurs provinces; il n'y en eut que quatre ou cinq mille, comme Vincent l'avoit annoncé, qui profitèrent des intentions charitables qu'on avoit pour eux.

Le bienfaiteur des pauvres se réjouit cependant de voir son ouvrage soutenu par l'autorité, quoiqu'elle ne l'eût pas adopté dans toutes ses dispositions. Il en écrivit en ces termes : « L'on va » ôter la mendicité de Paris et ramasser tous les » pauvres en des lieux propres, pour les entrete-

» nir, les instruire et les occuper. C'est un grand
» dessein et fort difficile, mais qui est bien avan-
» cé, grâce à Dieu, et approuvé de tout le monde;
» beaucoup de personnes lui donnent abondam-
» ment, et d'autres s'y emploient volontiers. On
» a déjà dix mille chemises, et du reste à propor-
» tion. Le Roi et le parlement l'ont puissamment
» appuyé; et, sans m'en faire parler, ils ont des-
» tiné les prêtres de notre congrégation et les
» Filles de la Charité pour le service des pauvres,
» sous le bon plaisir de M. l'archevêque de Paris.
» Nous ne sommes pas pourtant encore résolus
» de nous engager à ces emplois, parce que nous
» ne connoissons pas encore assez si le bon Dieu
» le veut; mais, si nous l'entreprenons, ce ne sera
» que pour essayer. »

Tandis que les missionnaires s'établissoient dans le Piémont, ils perdirent leur maison de Rome, d'une manière aussi honorable pour la mémoire de Vincent, que fâcheuse pour celle de Mazarin. Le cardinal de Retz, que son opposition audacieuse avoit enfin réduit à chercher un asile sur une terre étrangère, s'étoit retiré à Rome. Innocent X, qui n'aimoit pas Mazarin, le reçut avec beaucoup de distinction, et ordonna aux missionnaires de lui donner dans leur maison un appartement conforme à sa naissance et à ses dignités. Les missionnaires l'accueillirent avec tous les égards qu'ils devoient aux ordres du souverain Pontife et à la reconnoissance qu'ils portoient à la maison de Gondi, qui avoit si bien mérité de leur instituteur. Mazarin, blessé de l'accueil fait à son ennemi, voulut lui faire sentir que son pouvoir s'étendoit au-delà des Alpes; il se plaignit à Vincent de la conduite de ses missionnaires, et il lui fut ordonné de faire sortir de Rome tous les Français qui étoient sous sa juridiction. Il obéit en disant : « Qu'il vaut mieux » tout perdre, que de perdre la vertu de la recon-» noissance. »

Alexandre VII, qui succéda, l'année 1655, à Innocent X, rétablit à Rome les missionnaires, et confirma leur institut. Ce nouveau Pontife fut moins favorable au cardinal de Retz, qui fut obligé de quitter la capitale du monde chrétien et d'errer long-temps en fugitif dans la Suisse, l'Allemagne et la Hollande : heureux enfin, après la démission de son archevêché et le paiement de trois millions de dettes qui avoient soldé la révolte de la Fronde, d'avoir pu reconnoître le néant de l'ambition et du pouvoir!

Nous approchons de la fin des travaux publics de Vincent : nous avons fait connoître ses missions, ses voyages, les monumens éternels de sa charité; nous l'avons montré au conseil du roi comme dans les hôpitaux; nous nous arrêterons un instant sur ses occupations intérieures. Il ne nous reste qu'une très-petite partie des lettres qu'il écrivoit en France, en Italie, en Pologne, en Barbarie; on sait cependant qu'il entretenoit une correspondance très-active et très-étendue. Consulté de tous côtés, il avoit peine à suffire au travail immense que lui attiroit la confiance publique. Des évêques, des pasteurs, des seigneurs, des magistats, des personnes de tout âge et de tout rang accouroient à lui, soit dans des difficultés de conscience, soit sur les devoirs de leur état, soit dans les affaires les plus importantes et les plus délicates.

CHAPITRE XXII.

Pertes éprouvées par la Congrégation. — Vincent envoie les Filles de la Charité à Calais après la bataille des Dunes. — Sentant sa fin prochaine, il donne des règles à sa Congrégation. — Fondation de l'hôpital de Sainte-Reine.

Dans ses travaux immenses, Vincent n'étoit pas consolé par les nouvelles qu'il recevoit de ses enfans de Gênes et de Madagascar. Cette île les dévoroit tous; elle n'étoit pour eux que la terre du martyre. A Gênes, plusieurs missionnaires furent enlevés coup sur coup par une épidémie. Au milieu de ces sujets de douleur, il eut la satisfaction de combattre avec succès un funeste préjugé.

Le marquis de la Mothe-Fénelon fut celui dont Dieu se servit pour calmer la fureur des duels. Fameux par plus d'un combat de ce genre, ce seigneur fut vaincu par l'éloquence persuasive et entraînante de Vincent, et jura de ne donner et de n'accepter aucun défi. Il étoit attaché à la maison du duc d'Orléans, dont tous les officiers, cédant à ses conseils, s'engagèrent par parole et par écrit à renoncer pour toujours aux combats singuliers. Le Roi reçut le même serment de tous les officiers de sa garde; les États de Languedoc et de Bretagne privèrent du droit de séance dans leurs assemblées les gentilshommes qui se battroient dans leurs provinces. Le serment du marquis de Fénelon et de tous ses braves camarades, désabusés sur un faux point d'honneur, fut prêté le jour de la Pentecôte, dans la chapelle du séminaire de Saint-Sulpice, et sous les yeux de M. Ollier, qui avoit aussi contribué à cette résolution généreuse.

Cependant les jours de calamités n'étoient pas encore passés pour la France. Il y eut cette année une inondation générale dans le royaume; tout Paris étoit dans l'effroi; dans plusieurs quartiers on ne pouvoit aller qu'en bateaux; quatre arches du pont Marie avoient été emportées avec les maisons qui étoient dessus. Dans ce désastre général, le Saint n'oublia pas le village de Genuevilliers : les malheureux habitans, encore submergés, virent, pour la troisième fois, la barque des missionnaires leur apporter des vivres, qu'ils recevoient du haut des fenêtres de leurs maisons, où ils étoient enfermés par les eaux.

L'année 1656 fut encore mémorable par la bataille des Dunes, où le maréchal de Turenne, ramené sous l'étendard de la France, défit l'armée espagnole. Beaucoup de nos soldats blessés ayant été transportés à Calais, la Reine-mère, qui avoit accompagné son fils sur le théâtre de la guerre, fit écrire à Vincent d'envoyer les Filles de la Charité au secours de ces braves guerriers. Vincent en fit partir aussitôt quatre des plus robustes, mais deux succombèrent presqu'en arrivant. La Reine en ayant demandé d'autres, ce fut à cette occasion que Vincent, dans une conférence, manifesta les sentimens d'estime et de respect qu'il eut toujours pour ces saintes filles.

« Je recommande à vos prières, disoit-il, les Filles de la Charité que nous avons envoyées à Calais pour assister les pauvres soldats blessés. De quatre qu'elles étoient, il y en a deux, et des plus fortes de leur compagnie, qui ont succombé sous le faix. »

Ce fut cette année que Vincent donna à ses missionnaires des règles ou constitutions. Depuis trente ans que la congrégation étoit établie, il avoit mûri en silence cet ouvrage de sa sagesse; ces règles, écrites avec beaucoup de simplicité, étoient regardées par un grand prélat, à qui il les avoient communiquées, comme un des plus beaux plans de la perfection chrétienne.

Dans un long discours que Vincent fit sur cet objet à sa communauté assemblée, il dit en substance que, quoique la congrégation existât depuis longues années, il ne lui avoit pas donné de règles par écrit, tant pour imiter le Fils de Dieu, qui a commencé à faire avant que d'enseigner, que parce que toute précipitation eût été sujète à beaucoup d'inconvéniens; qu'il avoit jugé à propos de s'appuyer sur l'expérience; qu'en donnant des règles un peu tard, il avoit eu la consolation de ne prescrire rien de nouveau, rien à quoi la compagnie ne fût accoutumée depuis long-temps, rien qu'elle n'eût déjà pratiqué;

que ces règles, toutes tirées de l'Évangile, avoient pour but de conformer leur vie à celle que le Fils de Dieu a menée sur la terre. Ce divin Sauveur a été envoyé par son Père pour évangéliser les pauvres : *Pauperibus evangelizare misit me;* telle étoit, disoit Vincent, l'occupation de Notre Seigneur, telle doit être la nôtre.

Après ce discours, qui fut prononcé d'une voix affoiblie par l'âge, et avec l'onction la plus pénétrante, il fit approcher ses prêtres, et leur donna à chacun un exemplaire des Constitutions. Le premier assistant s'étant jeté à ses pieds, en le priant de bénir encore une fois ses enfans, il s'écria, dans un beau mouvement d'éloquence et de sensibilité : « O Seigneur! qui êtes la loi »éternelle et la loi immuable; qui gouvernez »par votre sagesse infinie tout l'univers; vous de »qui la conduite des créatures, toutes les lois et »toutes les règles de bien vivre sont émanées »comme de leur source, ô Seigneur! bénissez, »s'il vous plaît, ceux à qui vous avez donné ces »règles-ci, et qui les ont reçues comme procé- »dant de vous. Donnez-leur, Seigneur, la grâce »nécessaire pour les observer toujours et invio- »lablement jusqu'à la mort. C'est en cette con- »fiance et en votre nom, que, tout misérable »pécheur que je suis, je prononcerai les paroles »de la bénédiction que je vais donner à la com- »pagnie. »

La fondation de l'hôpital Sainte-Reine, en Bourgogne, fut le dernier établissement de charité auquel Vincent concourut. Les eaux minérales de ce lieu y attiroient un grand concours de pauvres, qui venoient chercher la guérison de leurs maux. Un bourgeois de Paris, nommé Desnoyers, y étant allé avec sa femme, fut extrêmement affligé d'y voir une multitude de malheureux qui, après les fatigues du voyage, étoient réduits à coucher sur la terre dans une grange, et quelquefois même sur le pavé des rues. Touché de compassion, il résolut, avec son épouse, de s'établir à Sainte-Reine, pour soulager les pèlerins les plus malades et les plus pauvres. Leur exemple attira d'autres personnes de l'un et de l'autre sexe, qui, de concert avec ces deux époux généreux, se consacrèrent, vers l'année 1658, à cette sainte entreprise; mais ils ne tardèrent pas à reconnoître qu'elle passoit leurs forces. Pour loger tant d'infirmes de toute espèce, il falloit une maison commode, et ils n'avoient pas les moyens d'en bâtir une.

Dans une conjoncture si embarrassante, Vincent fut leur ressource comme il l'avoit été de tant d'autres. Ils se dirent, avec autant de vérité que de simplicité, que ce bon vieillard étoit *l'intendant des affaires de Dieu*, et qu'il ne les abandonneroit pas. Desnoyers fut député à Paris avec quelques-uns de ses compagnons : ils coururent à Saint-Lazare, eurent une longue conférence avec Vincent, dans laquelle, après les avoir écoutés avec toute l'attention que demandoit une affaire aussi intéressante, le Saint conçut une haute idée de leur dessein, leur déclara qu'il étoit de Dieu, et qu'il falloit l'exécuter.

Dans une seconde conférence qui dura une après-dînée entière, après un moment de silence, il leur dit, d'un ton de voix ferme et religieux : « Béni soit Dieu : il veut absolument cet »ouvrage; il faut avoir confiance en sa bonté, »espérer tout de sa providence, et se mettre »promptement à l'œuvre. »

Arrivés à Sainte-Reine, le 12 mai 1659, ils commencèrent aussitôt à bâtir un hôpital. Ils éprouvèrent mille obstacles : mais l'année suivante, ils furent en état de loger les pauvres pèlerins. Malgré les malheurs des temps, malgré ses infirmités toujours croissantes, qui ne lui permettoient plus d'aller solliciter la charité publique, Vincent leur envoya un secours de plus de 100,000 francs : Anne d'Autriche prit l'hôpital de Sainte-Reine sous sa protection, et lui accorda de grands priviléges; enfin le Roi l'autorisa par des lettres patentes, qui depuis ont été ratifiées au parlement de Dijon.

Telle fut l'origine de l'hôpital, où sans compter les trois ou quatre cents malades qu'on y admettoit tous les ans, plus de vingt mille pauvres voyageurs de tout âge, de tout sexe, de toute nation et de toute religion, recevoient en passant l'hospitalité.

Dans le temps que l'homme de Dieu s'occupoit de la fondation de cet hôpital, il écrivit au pape pour la canonisation de l'évêque de Genève, François de Sales. On l'avoit long-temps pressé de joindre son suffrage à celui de tant d'illustres personnages, qui demandoient qu'on décernât à cet ami de Vincent les honneurs du culte dus à la mémoire des Saints; mais son humilité l'arrêta long-temps : « Qui suis-je, disoit-il, pour mêler »ma voix à celle d'un si grand nombre de per- »sonnes d'une naissance et d'une piété si distin- »guées? » Cependant il céda aux instances réitérées; après avoir témoigné au saint Père qu'il ne convenoit pas à un *misérable* tel que lui d'ouvrir la bouche devant le successeur de saint Pierre, il déclara qu'il avoit eu le bonheur de connoître intimement l'évêque de Genève, qu'il l'avoit toujours trouvé plein de foi, d'espérance et de charité.

CHAPITRE XXIII.

Mort de madame Legras. — Infirmités de Vincent. — Ses travaux malgré ses infirmités. — Sa mort. — Hommage rendu à Vincent, en 1815, par un colonel Irlandais.

Malgré les infirmités dont la vieillesse de Vincent fut accablée, il étoit parvenu à sa quatre-vingt-cinquième année, qui devoit être la dernière d'une si belle vie. La mort, qui s'avançoit vers lui à grands pas, ne le trouva sensible à ses atteintes, que parce qu'elle frappa coup sur coup les personnes qui lui étoient les plus chères. Il perdit, à six mois d'intervalle, Antoine Portail, ce compagnon fidèle de tous ses travaux; madame Legras, fondatrice et première supérieure des Filles de la Charité : infirme depuis long-temps, elle avoit toujours craint de mourir sans pouvoir être assistée dans ses derniers instans par son directeur; et ce qu'elle avoit craint arriva : car Vincent ne pouvoit plus se tenir debout quand elle fut attaquée de sa dernière maladie. Quelques jours avant sa mort, elle lui fit demander quelques paroles de consolation écrites de sa main: ne pouvant lui écrire, il lui envoya un de ses prêtres, comme sa lettre vi-

vante, lui porter ces paroles : « Qu'elle s'en al-
» loit devant, et qu'il espéroit que dans peu de
» jours il la reverroit dans le ciel. »

La troisième perte qui affligea profondément le Saint fut celle de l'abbé de Tournus, digne neveu du cardinal de la Rochefoucault. Au retour de Rome, où il avoit été avec son frère, l'abbé de Montier-Saint-Jean, il mourut à Chambéry. Ses restes furent portés et déposés dans l'église de Saint-Lazare, comme ceux d'un des plus grands bienfaiteurs de la congrégation. Quoique Vincent ne pleurât presque jamais, il ne put retenir ses larmes dans cette circonstance ; la vue de l'abbé de Montier-Saint-Jean ayant rouvert sa blessure, « Ce pauvre frère, disoit-il, est inconsolable de » la perte qu'il a faite, et nous en sommes tous » abattus. La volonté de Dieu est néanmoins » au-dessus des sentimens de sa douleur et de » notre affliction. »

Il devoit bientôt lui-même exciter une douleur plus universelle. Quoique fortement constitué, il fut toute sa vie très-sensible aux impressions de l'air. Pour arrêter le cours d'une fièvre qui lui revenoit assez souvent, il étoit obligé, pendant les plus grandes chaleurs de l'été, de faire de sa chambre une espèce d'étuve et d'avoir à ses côtés deux gros flacons d'étain, remplis d'eau bouillante ; dans cet état point de repos pour lui, point de sommeil, il sortoit du lit comme on sort d'un bain. Le jour qui succédoit à de si mauvaises nuits ne l'en dédommageoit pas : il ne vouloit jamais réparer par le repos du jour celui qui lui avoit manqué la nuit; il luttoit au contraire sans cesse contre le sommeil, et si quelquefois, malgré tous ses efforts, il y succomboit, ce qui lui arrivoit devant des personnes de la première condition, *il demandoit pardon de sa misère*, sans faire connoître la cause de son assoupissement.

Cependant du côté de l'esprit et des qualités de l'âme on n'apercevoit en lui aucun changement; on lui voyoit toujours un air serein, un visage riant, ces manières pleines de douceur qui lui avoient toujours gagné les cœurs. Quand on lui demandoit des nouvelles de son état, il en parloit de manière à faire croire que c'étoit peu de chose; il ajoutoit quelquefois qu'il ne souffroit rien en comparaison de ce qu'il avoit mérité et de ce que son divin Maître avoit souffert pour lui; au moment même, il détournoit adroitement le discours; et de ses peines qu'il vouloit qu'on oubliât, il passoit à celles de ceux qui lui parloient, pour y compatir.

Quand la douleur se faisoit sentir avec trop de violence, on n'entendoit sortir de sa bouche que ces paroles, qu'il prononçoit toujours avec un accent affectueux : *Ah ! mon Sauveur ! mon bon Sauveur !* Souvent il jetoit les yeux sur l'image de Jésus-Christ attaché à la croix, qu'il avoit fait mettre vis-à-vis de lui. A l'âge de quatre-vingts ans, son mal de jambe, dont il avoit ressenti les premières atteintes à quarante-cinq ans, se déclara d'une manière si violente qu'il lui fallut garder le lit, pendant quelque temps, et la chambre près de deux mois ; ses douleurs étoient si vives qu'on étoit obligé de le soutenir et de le transporter d'un lieu dans un autre. Ceux qui le soignoient profitèrent de cette triste circonstance pour lui faire prendre une chambre à feu que jusque-là il avoit toujours refusée.

Malgré ses infirmités accablantes, il se levoit tous les jours à quatre heures du matin, pour faire l'oraison avec sa communauté ; il présidoit les conférences ecclésiastiques qui se tenoient chez lui tous les mardis, quelquefois même les assemblées des dames de charité, qui aimoient mieux venir d'un bout de Paris à l'autre que de se priver du bonheur de l'entendre. Jusqu'au jour qui précéda la veille de sa mort, il remplit toutes les fonctions de son ministère avec une force et une présence d'esprit admirable. Il assembloit souvent les officiers de sa maison et ses assistans, leur parloit à tous ensemble ou à chacun en particulier, selon que l'exigeoient les circonstances, leur faisoit rendre compte de l'état des affaires et en délibéroit avec eux, donnoit tous les ordres nécessaires, régloit les missions, y destinoit ceux qui y étoient les plus propres, et convenoit avec eux de la manière dont il en falloit assurer le succès. Il envoyoit quelques-uns de ses prêtres pour tenir sa place aux assemblées où il ne pouvoit plus se trouver, et, quand il s'agissoit de quelque affaire importante, il leur donnoit des instructions si précises, il régloit si bien toutes leurs démarches, que pour réussir ils n'avoient qu'à suivre ponctuellement ses avis. Il recevoit un nombre infini de lettres, les lisoit exactement et ne manquoit jamais d'y répondre ; à juger de son état par ses réponses, on auroit cru, dans les provinces, que sa santé étoit parfaite. On a remarqué que ses dernières lettres avoient pour objet les besoins et le soulagement des pauvres de Champagne et de Picardie. Pour ménager ses derniers jours, Alexandre VII le dispensa, par un bref apostolique, de la récitation du bréviaire ; mais ce bref n'arriva qu'après sa mort.

Ses prêtres, voyant qu'il s'affoiblissoit de plus en plus, le prièrent de permettre qu'on fit une chapelle dans une chambre contiguë à la sienne, afin qu'il pût entendre la messe sans sortir ; il ne voulut pas y consentir « Au moins, lui dirent-ils, vous ne trouverez pas mauvais qu'on fasse une chaise pour vous transporter de votre chambre à la chapelle de l'infirmerie ? Ce soulagement ne coûtera rien ; il nous tirera d'inquiétude, et vous, du danger de faire une chute. » Il éluda cette proposition jusqu'au 15 du mois d'août, qui précéda sa mort d'environ six semaines : encore souffroit-il beaucoup de la peine qu'il donnoit aux deux frères qui le portoient. Son médecin et quelques personnes qui s'intéressoient vivement à sa conservation, voyant qu'il ne mangeoit presque plus, voulurent le faire consentir à user de mets plus recherchés : ce fut avec bien de la peine et bien inutilement qu'on l'y détermina ; car, dès la seconde fois qu'on lui apporta un mets plus délicat, il dit que cela lui faisoit mal au cœur, et il gagna si bien ceux qui le servoient qu'ils le laissèrent vivre à sa façon, c'est-à-dire comme le reste de la communauté. Il ne voulut jamais d'un lit plus doux que celui où il avoit dormi toute sa vie.

Depuis long-temps préparé à la mort, il redoubloit de zèle, dans les dernières années de sa vie, pour se disposer à ce redoutable moment. Chaque jour, après la messe, il récitoit les prières pour les agonisans avec les recommandations de l'âme; et le soir, il se mettoit en état de répondre au souverain Juge, au cas que, cette nuit même, il trouvât bon de l'appeler à lui.

Cependant l'état continuel d'insomnie et l'extrême foiblesse de tout son corps causoient au saint prêtre un assoupissement dont jusqu'alors il s'étoit bien défendu. Il le regardoit comme l'image et le précurseur de la mort : « C'est le » frère, disoit-il en souriant; la sœur ne tardera » pas à le suivre. »

Le 25 septembre, vers midi, cet assoupissement fut plus profond qu'à l'ordinaire; malgré cela, Vincent entendit la messe et communia comme il faisoit tous les jours depuis qu'il étoit hors d'état de célébrer. Dès qu'il fut dans sa chambre son assoupissement le reprit; le frère qui le servoit l'éveilla plus d'une fois et le fit parler; mais comme il vit que l'assoupissement continuoit il en avertit le missionnaire qui étoit chargé de la maison. Le médecin fut appelé:

mais il ne vint que l'après-midi, et il trouva le malade si faible, qu'il ne pouvoit rien prendre, pas même certaines pilules que le nouvel évêque de Cahors lui avoit envoyées; il dit qu'il falloit lui donner l'extrême-onction. Cependant il le réveilla et le fit parler avant de se retirer; le mourant, toujours semblable à lui-même, répondit avec un visage riant, mais les paroles expiroient déjà sur ses lèvres.

Ce fut alors que ses enfans connurent, à n'en plus douter, qu'ils alloient perdre le meilleur des pères; ils se hâtèrent de profiter de ses derniers momens : un d'eux lui demanda sa bénédiction pour tous les autres. Vincent fit un effort pour lever sa tête; il jeta sur ce missionnaire un regard plein de bonté, et ayant commencé les paroles de la bénédiction, il en prononça tout haut plus de la moitié, et le reste si bas, qu'à peine pouvoit-on l'entendre. Sur le soir, comme on vit qu'il s'affoiblissoit de plus en plus, on lui donna l'extrême-onction. Il passa la nuit dans une douce et continuelle contemplation de Dieu; quand il s'assoupissoit plus qu'on n'auroit voulu, on lui parloit de son divin Maître, et il se réveilloit. Tout autre discours le trouvoit insensible. Il aimoit à entendre prononcer ces paroles si convenables à l'état d'un homme mourant: *Seigneur, venez à mon aide;* il y répondoit par celles qui les suivent : *Hâtez-vous, mon Dieu, de me tendre une main secourable.*

Sur les quatre heures un quart du matin, un ecclésiastique de la conférence des mardis, ayant appris qu'il étoit à l'extrémité, entra dans sa chambre, et le pria de bénir, pour la dernière fois, ses confrères et lui, afin que leur compagnie ne dégénérât pas. Vincent se contenta de lui répondre : *Qui cœpit opus bonum ipse perficiet.* Bientôt après il s'éteignit, le lundi 27 septembre 1660, au matin, avec le calme et la sérénité du juste. Son visage ne changea point, et comme il étoit mort assis et vêtu dans son fauteuil, parce qu'on n'avoit pas osé le toucher pendant les vingt-quatre dernières heures de sa vie, ceux qui n'auroient pas su son décès l'auroient pris pour un homme qui vivoit encore.

Il demeura exposé, le mardi 28 septembre, jusqu'à midi, dans l'église de Saint-Lazare. Ses obsèques furent honorées de la présence du prince de Conti, frère du grand Condé, de l'archevêque de Césarée, nonce du pape, de plusieurs prélats, de la duchesse d'Aiguillon, des curés de Paris, et d'un grand nombre d'ecclésiastiques et de religieux de différens ordres. Mais son cortége le plus touchant fut celui d'une multitude de pauvres de tout âge, de tout sexe, qui pleuroient leur véritable ami et leur père Son cœur fut enfermé dans un petit vase d'argent, que la duchesse d'Aiguillon fit faire exprès. Son corps fut mis dans un cercueil de plomb, et déposé au milieu du chœur de l'église : on grava sur sa tombe cette épitaphe modeste :

Hic jacet venerabilis vir Vincentius à Paulo, presbyter, fundator, seu institutor, et primus superior generalis congregationis missionis, nec non puellarum Charitatis. Obiit die 27 septembris, anni 1660. Ætatis vero suæ 85.

Avant la révolution, le corps de saint Vincent de Paul étoit exposé à découvert sur l'autel de sa chapelle, le jour de sa fête, dans l'église de Saint-Lazare. Il a été heureusement soustrait aux mains sacriléges des nouveaux barbares, plus avides d'enlever sa châsse riche et précieuse, que ses vénérables restes, qui reposent actuellement dans la chapelle du chef-lieu des Filles de la Charité (1).

Vincent de Paul étoit d'une taille moyenne, mais bien proportionnée; il avoit la tête grosse et un peu chauve, le front large, les yeux pleins de feu, mais d'un feu tempéré par la douceur; le port grave et modeste, un air d'affabilité qui tenoit moins de la nature que de la vertu. Dans ses manières et son attitude, régnoit cette simplicité qui annonce le calme et la droiture du cœur; son tempérament étoit bilieux et sanguin, sa

---

(1) On a remarqué à la dernière exposition des produits de l'industrie française, une châsse de saint Vincent de Paul, plus magnifique que celle qui nous avoit été enlevée par la révolution. Ce bel ouvrage, exécuté en argent massif, de sept pieds de long sur six pieds de haut, y compris la figure du saint qui en a trois, est sorti du célèbre atelier de M. Odiot. Ce nouvel hommage rendu à la mémoire d'un homme que la religion peut présenter à ses amis et à ses ennemis, répond dignement à la vénération et à la reconnoissance de la postérité.

complexion assez robuste : le séjour de Tunis l'avoit altérée.

Le 13 août 1723, Benoît XIII déclara Vincent au nombre des bienheureux; et le 16 juin 1737, Clément XII publia la bulle de la canonisation.

J'ai écrit la vie de saint Vincent de Paul dans un ermitage que je possède sur la rive gauche de la Seine, et qui n'est séparé du village de Clichi que par cette rivière. Cet heureux voisinage donna lieu, en 1815, au fait suivant, qui prouvera à mes lecteurs combien le nom du saint prêtre est répandu et vénéré même dans les pays étrangers.

A cette déplorable époque de la seconde invasion de la France, les montagnards écossais étant campés dans la plaine de Clichi, un de leurs colonels, qui étoit Irlandais, vint, un billet de logement à la main, me demander l'hospitalité. J'ai rendu compte, dans mes Souvenirs de 1814 et 1815, imprimés en 1824, de la manière aimable et vraiment hospitalière dont cet officier se conduisit à mon égard. Il fut ma sauve-garde, et celle de mes voisins, pendant tout le temps qu'il partagea ma retraite. Un jour, au milieu d'un entretien politique et religieux, il me demanda si le village de Clichi où ses troupes étoient campées, étoit celui dont Vincent de Paul avoit été curé; lui ayant répondu que c'étoit le même, « Eh bien ! me dit-il, il faut que nous allions visiter ensemble l'église qu'il a reconstruite, le presbytère qu'il a habité; il faut que nous allions chercher quelques traces de son passage, sur ce coin de terre où il a répandu ses premiers bienfaits Tandis que mes jeunes frères d'armes courent en foule à Ferney et à Ermenonville pour rendre hommage aux deux coryphées de la philosophie moderne, il faut que nous allions en pélerinage au presbytère et à l'église du père des pauvres, du tuteur des enfans abandonnés, de celui dont la charité ne s'est point bornée à la France, mais a embrassé l'Irlande ma patrie, l'Italie, presque toute l'Europe, et une partie de l'Afrique ! »

Je fus enchanté de ce projet, que nous exécutâmes le lendemain. Nous traversâmes la rivière sur le pont de bateaux jeté devant Clichi par les Anglais, et nous arrivâmes au presbytère du successeur de Vincent, qui d'abord fut presque alarmé de notre visite, mais que nous rassurâmes pleinement en lui en annonçant le motif. « Ah Messieurs ! nous dit-il, combien l'âme si sensible de Vincent de Paul eût été péniblement affectée, s'il avoit vu l'état malheureux dans lequel se trouve aujourd'hui son troupeau ! Sa paroisse est transformée en un camp; le pillage, la terreur ont dispersé ses habitans; leurs maisons sont abandonnées et ouvertes; leurs meubles, leurs instrumens de labourage ont éclairé et chauffé les bivouacs. Nous sommes loin d'accuser de cette dévastation les Écossais, qui se distinguent au contraire par la plus exacte discipline, mais les troupes qui les ont précédés. Je suis resté presque seul de mon troupeau : j'attends son retour; je l'attends de la Providence et de la médiation de notre bon Roi. Votre visite, ajouta-t-il, l'hommage que vous rendez à notre Saint, sont une sorte de consolation au milieu de toutes les peines qui m'affligent. Allons l'invoquer dans son église, qui jusqu'à ce jour a été respectée.—«Je la prends sous ma sauve-garde, dit avec force le colonel; tant que nos troupes camperont ici, le temple et le pasteur seront à l'abri de toute insulte. » Nous entrâmes dans l'église qui est consacrée à saint Médard; elle est simple dans son architecture, plus que modeste dans ses ornemens, et auroit besoin de grandes réparations. Les dalles sont enfoncées et tremblent sous les pieds; les murs sont nus et noircis par le temps et l'humidité; de nombreuses crevasses attestent leur vétusté; la voûte est revêtue en planches vermoulues et désunies.

Avant moi, nous dit le curé, rien dans cette église ne rappeloit aux fidèles la mémoire de saint Vincent de Paul, j'ai cru devoir, avec les aumônes de mes paroissiens, lui élever un monument de reconnoissance et de piété : j'ai fait ériger, dans cette même église, une chapelle qui lui a été consacrée. Il nous y conduisit, et nous lûmes sur le mur ces mots en lettres d'or : *Cette église a été reconstruite à neuf, en 1612, par saint Vincent de Paul qui en étoit curé; et cette chapelle lui a été érigée, en 1812, par Lemireur, curé.*

L'autel de cette chapelle est en marbre gris, et d'un assez bon goût. Nos yeux, qui cherchoient avidement quelques précieux restes de saint Vincent de Paul, s'arrêtèrent avec satisfaction sur le tableau de sa chapelle, où il est représenté en habit de simple prêtre. Nous félicitâmes le curé d'avoir rendu cet hommage au plus digne de ses prédécesseurs. En nous retirant, le colonel déposa dans le tronc des pauvres une aumône abondante; il dit : Je ne puis rien faire de plus agréable à la mémoire du père des infortunés.

Nous ne demandâmes pas à visiter le presbytère, parce que le curé nous avoit prévenus que ce n'étoit plus celui qu'avoit occupé saint Vincent de Paul; il existe encore à côté de l'église, et il est à regretter qu'on lui ait ôté sa première destination.

J'ai depuis visité souvent cette église, qui exige toujours davantage une complète restauration. On est à désirer que la peinture et la sculpture la décorent de tableaux et de statues, qui retracent les principaux traits de la vie d'un saint, si féconde en sujets intéressans et inspirateurs.

FIN.

TABLE.

Page.

Chap. Ier. Naissance de Vincent. —Occupations de son enfance.—Son entrée au collége et dans les ordres. — Sa captivité en Barbarie.

Chap. II. Séjour de Vincent à Rome. — Il est envoyé auprès d'Henri IV. — Il est accusé de vol, nommé curé de Clichi, puis précepteur des enfans du comte de Gondi. 13

Chap. III. Première mission. — Vincent quitte la maison de Gondi pour la cure de Châtillon-les-Dombes, en Bresse. — Son séjour et ses travaux à Châtillon. — Fondation de la confrérie de la charité pour les pauvres malades. 24

Chap. IV. Suite des travaux de Vincent à Châtillon. — Retour de Vincent dans la maison de Gondi. — Malheurs de Châtillon soulagés par les Dames de charité. 37

Chap. V. Missions dans les diocèses de Beauvais, de Soissons et d'Orléans. —Vincent visite les galériens et améliore leur sort. — Vincent est nommé aumônier général des galères de France. — Voyage à Marseille. — Il prend la place d'un galérien. 49

Chap. VI. Retour de Vincent à Paris. — Sa conduite à Mâcon. — Mission sur les galères de Bordeaux. — Vincent visite sa famille. —Fondation de la congrégation des prêtres de la mission.— Mort de Mme. de Gondi. 62

Chap. VII. Premiers travaux des Missionnaires. — Retraites ecclésiastiques.—Hospitalité exercée par Vincent envers les jeunes ecclésiastiques. — Mme. Legras. — Mort de M. de Bérulle. — Le Duc Mathieu de Montmorency. 75

Chap. VIII. Le prieur de Saint-Lazare cède cette maison à Vincent.— Réception que Vincent fait à un de ses neveux. — Fondation de l'hôpital des galériens à Marseille. — Entrevue avec le cardinal de Richelieu. 88

Chap. IX. Mission faite dans un bourg à des gens de loi. — Autre mission dans le Faubourg Saint-Germain par les ecclésiastiques des conférences. — Retraites de Saint-Lazare. 101

Chap. X. Institution des Filles de la Charité. 115

Chap. XI. Réformes à l'hôpital de l'Hôtel-Dieu de Paris. — Fondation d'un séminaire au collége des Bons-Enfans. — Missions dans les Cevennes. 122

Chap. XII. La maison de Saint-Lazare est transformée en place d'armes.— Vingt missionnaires se rendent à l'armée de Picardie.— Le commandeur de Sillery. 35

Chap. XIII. Séminaire interne à Saint-Lazare. — Règles sur lesquelles il fut établi. — Badinage et trait d'esprit d'un missionnaire. — Mission à Saint-Germain.—Enfance de Louis XIV. 142

Chap. XIV. Vincent secourt la Lorraine, ravagée par la guerre, la peste et la famine. 151

Chap. XV. Vincent soulage les Lorrains et les Anglais réfugiés à Paris. — Il se jette aux pieds du cardinal de Richelieu pour lui demander la paix. — Evaluation des secours envoyés en Lorraine. — Courage et habileté du frère Matthieu. 166

Chap. XVI. Mort de la baronne de Chantal. —

Vincent assemble sa communauté et veut donner sa démission de supérieur-général. — Mort du cardinal de Richelieu. — Vincent assiste Louis XIII à ses derniers momens. 179

Chap. XVII. Régence d'Anne d'Autriche. — Vincent entre au conseil ecclésiastique. — Sa conduite dans cet emploi. 191

Chap. XVIII. Missions à Cahors, à Marseille et à Sédan. — Vincent tombe dangereusement malade. — Fondation des Orphelines, des Filles de la providence, des Filles de la croix et de l'hôpital des Enfans trouvés. 202

Chap. XIX. Troubles de la fronde. — Vincent est persécuté comme royaliste. — Il quitte Paris. — Ses voyages et ses dangers dans les provinces. 216

Chap. XX. Secours envoyés par Vincent aux villages des environs de Paris. — Il sauve les habitans de Gennevilliers des suites de l'inondation. — Mort de M. Lebon. 232

Chap. XXI. Fondation de l'hôpital du Nom de Jésus, et de l'hôpital général. 243

Chap XXII. Pertes éprouvées par la Congrégation. — Vincent envoie les Filles de la Charité à Calais, après la bataille des Dunes. — Sentant sa fin prochaine, il donne des règles à sa Congrégation. — Fondation de l'hôpital Sainte-Reine. 252

Chap. XXIII. Mort de Mme. Legras. — Infirmités de Vincent. — Ses travaux malgré ses infirmités. — Sa mort. — Hommage rendu à Vincent, en 1815, par un colonel Irlandais. 259

FIN DE LA TABLE.

www.ingramcontent.com/pod-product-compliance
Lightning Source LLC
Chambersburg PA
CBHW050628170426
43200CB00008B/930